L. LAVIALLE DE LAMEILLÈRE.

LA FIN D'ANNÉE

THÉATRE
DE
LA JEUNESSE

LIMOGES | PARIS
F. F. ARDANT FRÈRES, | F. F. ARDANT FRÈRES,
Rue des Taules, 18 et 20. | Quai des Augustins, 25.

LA FIN D'ANNÉE.

—

THÉATRE
DE LA JEUNESSE.

L. LAVIALLE DE LAMEILLÈRE.

LA FIN D'ANNÉE.

THÉATRE
DE
LA JEUNESSE

LIMOGES	PARIS
F. F. ARDANT FRÈRES,	F. F. ARDANT FRÈRES,
Rue des Taules, 18 et 20.	Quai des Augustins 25.

1870

PERSONNAGES.

BUEKLER, capitaine.
KARL, lieutenant.
GURTH, brigand.
RICHARD, *idem*.
HENRI, prisonnier.

PETER, berger.
AMBROISE, ermite.
LE COMTE D'EICHENFELD,
   d'Henri.
JOHANN, fermier.

Soldats, valets, brigands.

LE JEUNE HENRI

Comédie en 3 actes et en prose.

ACTE I.

La scène se passe dans une caverne des Alpes.

SCÈNE Ire.

Buekler au devant, à droite; Karl, à gauche; Gurth, près de Karl.
Richard, près de Buekler; Brigands.

(Au lever du rideau, les brigands ont le verre à la main; ils semblent disposés à partir.)

CHANT : (*Air de la Somnambule.*)

BUEKLER.

Je suis le roi de ces montagnes,
Partout l'on tremble devant moi,
Quand je parais dans les campagnes,
Tout se tait, tout subit ma loi.
Non, l'or n'est pas une chimère,
Nous savons tous nous en servir,
Amis! le seul bien sur la terre
Pour nous, pour nous, c'est le plaisir,

CHŒUR : Pour nous, pour nous, c'est le plaisir.   (*bis*).

KARL.

Buvons à notre capitaine,
Amis, buvons à ses succès,
Et que la nuit déjà prochaine,
Vienne accomplir tous ses projets.
Non, l'or n'est pas une chimère;
Nous savons tous nous en servir,
Amis! le seul bien sur la terre,
Pour nous, pour nous, c'est le plaisir.

CHŒUR : Pour nous, pour nous, c'est le plaisir. (*bis*).

BUEKLER.

Compagnons, que chacun s'apprête,
S'il veut de l'or et des bijoux ;
A demain remettons la fête,
Et volons à notre rendez-vous !

(*Tous se lèvent*) :

CHŒUR : Non, l'or n'est pas une chimère,
Nous savons tous nous en servir ;
Amis! le seul bien sur la terre,
Pour nous, pour nous, c'est le plaisir. (*ter*).

BUEKLER.

Oui, mes braves compagnons, une riche proie nous est assurée; d'opulents voyageurs doivent cette nuit traverser les montagnes, pour se rendre en Italie ; à nous leur or, leurs bijoux, leurs dentelles !

KARL.

A nous leurs armes brillantes!

GURTH.

A nous leur sang, à nous leur vie, s'ils osaient résister, n'est-il pas vrai, camarades!

TOUS, (*excepté* RICHARD).

Oui, oui! vive notre capitaine !

GURTH, (*avec un ton insinuant*).

Le brave Richard, le nouveau venu parmi nous, semble peu disposé à nous suivre dans cette belle expédition ; craindrait-il le danger ?

KARL.

C'est probable.

GURTH.

C'est un lâche, un traître qui quelque jour nous perdra !

RICHARD.

Je ne suis ni un lâche, ni un traître, Gurth ; mais, vous le savez tous, c'est contraint et forcé que je suis venu dans cette caverne..... Le capitaine Buekler m'avait d'ailleurs promis de me rendre la liberté, de me permettre de retourner auprès de mon vieux père, de ma tendre mère, morts peut-être aujourd'hui de désespoir !

BUEKLER.

Je n'ai point oublié ma promesse, Richard ; mais pourquoi ne pas t'associer à nous ; notre profession n'est-elle pas belle ; ne désires-tu point la richesse ?

RICHARD.

Non, non, j'ai refusé et je refuse encore de prendre part à vos sanglantes entreprises.

BUEKLER.

Eh bien ! pour servir sous mes ordres, je ne veux avoir que des hommes de bonne volonté ; tu seras libre, quand le soin de notre sûreté nous permettra de te laisser sortir de cette caverne... Jusque-là...

GURTH.

Jusque-là il s'en échappera pour aller nous vendre !

BUEKLER.

Paix ! Gurth ! je sais prévoir et punir la trahison.

RICHARD.

Eh bien! capitaine, je suis votre prisonnier, traitez-moi comme tel; retenez-moi dans le fond de cette caverne, mais ne m'obligez pas à vous suivre; ne me forcez pas à voir couler le sang de mes semblables.

BUÊKLER.

J'y consens!

KARL (*au capitaine à part*).

Le laisser ici, est peut être dangereux; ne pourrait-il avec l'aide d'Henri, votre jeune prisonnier, qui lui est fort attaché, forcer l'une des portes qui ferme l'entrée de notre caverne, ou comploter contre notre sûreté!

BUEKLER.

Vous avez raison, lieutenant; Richard, pour cette fois encore, je veux que tu nous accompagnes, peut-être surmonteras-tu tes répugnances, pour devenir un de nos compagnons les plus braves; crois-moi, laisse de côté tous tes scrupules d'enfant: les riches nous font la guerre; eh bien! malheur à eux! qu'ils soient nos tributaires; va! cesse de regretter ta cabane.

RICHARD.

Non, capitaine, je crains Dieu et sa justice!..

BUEKLER.

Assez, tu nous suivras, et je veux que dans cette expédition tu restes à mes côtés (*à part*) bonne précaution! (*haut*) c'est le moyen de t'aguerrir! allez, et vous tous, mes braves camarades, préparez-vous à partir? (*tous sortent*). Karl, restez.

SCENE II.

BUEKLER, KARL.

BUEKLER.

La présence de Richard au milieu de nous m'inquiète : non pas que je craigne qu'il ose ou puisse s'échapper ; mais.....

KARL.

Pourquoi ne pas vous en débarrasser, capitaine ?

BUEKLER.

Le mettre en liberté, non, non ! ce serait par trop dangereux !

KARL.

N'est-il pas un autre moyen ?

BUEKLER.

Toujours du sang, Karl, cela me répugne ; certes, j'en ai versé trop souvent peut-être dans l'ardeur de la lutte, pour défendre ma propre vie ! mais condamner un homme de sang-froid me semble trop cruel ! il est innocent !.... Non, Karl, ce qui me tourmente, c'est l'affection que lui a vouée le jeune Henri ; c'est la haine qu'il ne tardera pas à lui inspirer contre nous, le mépris même qui en sera la suite.....

KARL.

Eh ! quoi, capitaine Buekler, auriez-vous songé à faire de ce jeune enfant un brigand comme nous, un paria chassé de la société ?

BUEKLER.

Cela t'étonne, Karl ; apprends que c'était le couronnement de ma vengeance.

KARL.

Votre vengeance, et contre qui ?

BUEKLER.

Ecoute, Karl, et tu vas me comprendre : lorsqu'il y a huit ans, je parvins, grâce à l'habileté de la vieille Madge, à m'emparer du jeune héritier d'Eichenfeld, vous avez tous supposé que je voulais avoir en notre pouvoir un ôtage en cas de malheur?

KARL.

Et n'était-ce point là votre but?

BUEKLER.

En partie seulement : je suis né dans un petit village voisin du château d'Eichenfeld ; mes parents étaient d'honnêtes laboureurs ; mais je n'étais point fait pour l'humble existence qu'ils me destinaient sans doute, et, loin de pratiquer ce qu'ils appelaient la vertu, je me jetais dès l'enfance dans le vice et la débauche ; certain jour ayant osé pénétrer dans le jardin du château pour y commettre un vol, c'était le premier, je fus surpris par un valet du comte, et traîné devant lui ; et lui, bien loin d'avoir pitié de ma jeunesse, il me fit rudement châtier sur la place publique du village. Ah! tout enfant que j'étais alors, je jurais de me venger, et j'ai tenu jusqu'ici ma promesse.

KARL.

Je vous comprends, capitaine.

BUEKLER.

Ce n'est pas tout ; quelques années plus tard, à la suite d'un autre vol, le comte me fit arrêter et condamner à plusieurs mois de prison ; je ne subis point cette peine et parvins à m'échapper ; c'est alors que je vins m'établir dans ces montagnes, dont je connaissais les secrètes cavernes, et j'y suis devenu en peu de temps la terreur de la contrée!... Plus tard, ayant appris que le comte d'Eichenfeld était appelé à commander en Espagne un corps de troupes françaises, je profitai de son absence pour m'emparer de son fils unique, alors âgé de quelques mois seulement ; n'était-ce pas une terrible vengeance.

KARL.

Oui, capitaine; mais pourquoi ne pas mettre à rançon la vie et la liberté de cet enfant?

BUEKLER.

Cela ne suffisait point à mon cœur ulcéré ! J'aurais voulu perdre ce noble héritier de mon ennemi, lui tuer l'âme avant le corps, en faire un ennemi des lois comme nous tous, lui inspirer la haine et le mépris de Dieu et des austères vertus que veulent imposer ses ministres, voir enfin ce nom détesté d'Eichenfeld, à jamais voué à l'infamie !

KARL.

Ah ! vous dites vrai, c'était là en effet une terrible vengeance !

BUEKLER.

Du reste, depuis cette époque il n'eut pas été possible de traiter de sa rançon avec le comte, qui fut fait prisonnier par les Espagnols, dès le commencement de la guerre.

KARL.

Mais la comtesse ?

BUEKLER.

Après bien des recherches inutiles, elle alla rejoindre son mari, et peut-être sont-ils encore en Espagne.

KARL.

Mais enfin, capitaine, que comptez-vous faire de leur jeune enfant; doit-il rester toujours enfermé dans cette sombre caverne ? ne doit-il jamais voir le soleil ?

BUEKLER.

Je ne sais : malgré ma haine je sens quelque amitié pour ce jeune enfant qui me croit jusqu'ici son parent. Son innocence quelquefois m'attendrit; en faire un brigand me parait odieux... il est d'ailleurs si jeune encore, et de plusieurs années il ne sera pas en état de porter les armes; qui sait quel sera notre sort jusque-là!... En cas de malheur, il pourra toujours nous servir d'otage... On dit que la paix est conclue avec les Espagnols ! le comte va sans sans doute rentrer en France, et...

KARL.

Diable ! Si la paix était faite notre métier pourrait alors devenir dangereux !

BUEKLER.

En effet, le gouvernement pourrait songer à nous inquiéter !... mais voici le jeune Henri.

SCÈNE III.

BUEKLER, KARL, HENRI.

BUEKLER.

Approche, mon enfant, as-tu quelque chose à me demander.

HENRI.

Mon oncle, je viens d'apprendre de mon bon ami Richard que vous allez partir et me laisser seul avec la vieille Madge ?

BUEKLER.

Il est vrai, mon enfant.

HENRI.

Ah ! tant pis !

BUEKLER.

Tu t'ennuies donc bien avec elle ?

HENRI.

Oh! oui, mon oncle, et je serais bien content si vous me laissiez mon bon ami Richard.

BUEKLER.

Ton bon ami? tu l'aimes donc plus que nous!

HENRI, (*hésitant*).

Il est si bon, si complaisant pour moi ; il me raconte de si belles histoires! il m'a appris à faire de jolies fleurs, à lire et à écrire, à tailler dans le bois de petits animaux comme il y en a dans les livres qu'il m'a apportés; il m'en enseigne les noms; mais dites-moi, mon oncle, les hommes qui font ces livres sont bien plus habiles que ceux de cette caverne; je voudrais les voir; voir si leur caverne est mieux éclairée que la nôtre; je la trouve si noire, quand la vieille Madge oublie de mettre de l'huile dans la lampe; pourquoi ne voulez-vous point m'y conduire? Richard me dit qu'il y en a de moins sombres ; qu'il en est une de plus grande qu'éclaire le soleil, dont on parle dans les livres, dites-moi, qu'est-ce que cette lampe qu'on nomme le soleil...

BUEKLER, (*à part*).

Je ne sais que lui répondre !

KARL, (*à part*).

N'est-ce point vraiment trop cruel d'avoir ainsi retenu cet innocent enfant dans cette caverne presque depuis sa naissance?

HENRI.

Pourquoi ne me répondez-vous point, mon oncle ?... Il est tant de choses que vous pourriez m'apprendre.

BUEKLER.

Richard te fait des contes et se moque de toi.

HENRI.

Oh! non, mon oncle! Richard m'a dit qu'il fallait tou-toujours dire la vérité.

BUEKLER, (*à part*).

Ses paroles me troublent!... (*haut*) Eh bien! mon ami. quand tu seras plus grand, tu pourras nous suivre, je te donnerai un sabre et de beaux pistolets.

HENRI.

Pourquoi faire, mon oncle?

BUEKLER.

Pour attaquer,... pour te défendre contre les bêtes, contre les méchants!

HENRI.

Les bêtes; il y en a donc comme celles que nous fabriquons, Richard et moi; y en a-t-il de vivantes!

BUEKLER.

Oui, mon ami!

KARL, (*à part*).

Son innocence me fait pitié!

HENRI.

Est-ce que ces bêtes sont méchantes?

BUEKLER.

Il en est de très méchantes, et on les tue avec un sabre.

HENRI.

Ah! mon oncle, cela doit tant les faire souffrir?

BUEKLER, (*à part*).

Ses questions m'embarrassent?

HENRI.

Oui, sans doute, cela doit leur faire bien du mal, car je me souviens que j'ai bien pleuré le jour où je me coupai avec le couteau de la Madge; et quand vous avez rapporté votre ami Peter dans la caverne, le jour où il s'était battu contre les méchants, il se plaignait; il était couvert de sang! Ô mon oncle que c'est affreux de voir couler le sang!... D'où vient celui qui couvre si souvent vos habits quand vous rentrez dans la caverne?

BUEKLER, (à part).

Que lui dire? (*haut*) mais il est temps de partir... Allez, Karl, et veillez à ce que les armes soient en état! (*Karl sort*).

SCÈNE IV.

BUEKLER, HENRI.

BUEKLER.

Adieu, mon ami, j'espère que tu m'aimeras un peu.

HENRI.

Oui, mon oncle, mais j'aimerai aussi mon bon Richard! pourrai-je lui dire adieu.

BUEKLER, (hésitant).

Non... oui, mon enfant, je vais te l'envoyer (*à part*). Ce Richard lui devient trop cher; il faudra arriver à les séparer.

HENRI.

Merci, mon oncle! (*Buekler sort*).

SCÈNE V.

HENRI, (*seul*).

Je voudrais tous les aimer! et cependant ils me font peur, quant ils tournent leurs yeux sur moi! oh! non! ils ne sont pas bon comme mon ami Richard! lui n'a jamais de sang sur les mains, son regard est doux, sa voix ne m'effraie pas comme celle de mon oncle, et de ses autres compagnons. Mais le voici.

―

SCÈNE VI.

HENRI, RICHARD.

HENRI.

Te voilà mon bon ami!

RICHARD.

Oui, mon cher Henri, votre oncle le capitaine m'a permis de venir vous dire adieu!

HENRI, (*tristement*).

Tu pars et moi je reste seul! que je serais heureux de pouvoir te suivre, de voir avec toi les belles choses que tu me raconte!

RICHARD.

O mon ami! gardez-vous de le demander! vous seriez perdu! que ne puis-je rester avec vous, plutôt que de...

HENRI.

Elle est bien triste, cependant, cette caverne quand j'y suis seul, loin de toi qui m'aime,... avec la vieille Madge,... Oh! dis-moi, mon bon Richard, les autres cavernes où vous allez tous, sont-elles aussi sombres, aussi noires que la nôtre.

RICHARD, (à part.)

Je n'ose lui répondre !

HENRI, (souriant).

Mais dis-moi donc ! qu'allez-vous y faire? vous amusez-vous bien ?

RICHARD, (frémissant).

Dieu vous garde de l'apprendre ! Dieu vous préserve de nous imiter !

HENRI.

Dieu ! qu'est-ce donc que Dieu ? Richard, est-ce un homme comme mon oncle? ou comme Karl?... Dieu ! ils n'en parlent que lorsqu'ils sont en colère !... apprends-moi ce que c'est.

RICHARD.

Un jour vous le saurez sans doute! j'essaierai moi-même de vous l'apprendre.

HENRI.

Oh ! mon ami, dis-le moi ! apprends-moi ce que tu sais, et ce que je ne connais pas !

(*On entend la voix du capitaine qui appelle Richard à plusieurs reprises.*)

RICHARD.

Adieu, Henri ! vous le voyez, le capitaine s'impatiente. il faut que je vous quitte : adieu ! (*Il sort*).

HENRI.

Adieu mon ami !

SCÈNE VII.

HENRI, (*seul*).

On entend la marche des brigands qui s'éloignent et le bruit des portes qui se ferment.

SCÈNE VIII.

HENRI, (*seul*).

Ils me laissent seul ; ils s'éloignent tous.. où vont-ils donc ? que ne puis-je le savoir ? ils vont, disent-ils, dans d'autres cavernes ; elles sont donc moins tristes que la nôtre... Ils parlent du soleil, des étoiles, de la lune qui les éclaire... qu'est-ce donc que tout cela ?.. Si quelque jour je pouvais les suivre ! mais non... ils ont bien soin de fermer toutes les portes, et de recommander à la vieille Madge de de ne point me permettre de la quitter... (*il va dans le fond et regarde*). La voilà qui dort ; si j'allumais un de ces grands cierges à la lampe, j'essaierais de marcher jusqu'au fond de l'une de ces galeries si sombres ; je serai rentré avant qu'elle puisse s'en apercevoir ! oui, je ne risque rien. (*Il allume un cierge et s'éloigne ; la toile tombe*).

ACTE II.

La scène est dans la campagne.

SCÈNE Ire.

Des rochers à gauche; dans le fond, à droite, sur une hauteur, une petite chapelle.

Au lever du rideau, on entend la voix de Peter, le berger, qui chante :

(AIR : *Il pleut, bergère.*)

Je n'ai point de royaume,
Mais je suis, sur ma foi!
Sous mon vieux toit de chau-
Plus heureux que le roi. (me,
Je quitte le village,
Et pars dès le matin
Pour le frais pâturage.
Suivi de mon bon chien.

Et puis vers la chaumière.
Je reviens sur le soir,
Aux pieds de mon vieux père.
Tout heureux, pour m'asseoir.
Enfin ma bonne mère
Nous appelle à genoux,
Pour dire une prière
Au Dieu si bon pour nous.

O mon Dieu, je t'en prie,
Daigne me protéger!
De moi, je t'en supplie,
Ecarte tout danger.
En toi j'ai confiance;
Du haut de ton beau ciel,
Jette sur mon enfance
Un regard paternel.

Seigneur, à ma tendresse
Conserve mes parents,
Fais que dans leur vieillesse,
De maux ils soient exempts!
Enfin, daigne soustraire
Aux embûches des loups
Nos agneaux! qu'à ma mère
Je les ramène tous.

Vers la fin du quatrième couplet, Peter entre sur la scène et vient s'asseoir à droite sur le premier plan, au pied d'un arbre.

PETER.

Bon! j'ai trouvé de l'ombre; je puis m'asseoir, et, sans prendre grande peine, veiller sur mon troupeau, avec l'aide de mon vieux Mouflard, qui sait très bien les empêcher de s'écarter!... J'aime beaucoup ce côté de la montagne; je m'y trouve à l'abri du vent, et puis le voisinage de la chapelle de notre bon père Ambroise me rassure! il me semble qu'ici, d'où j'aperçois son petit clocher, le bon Dieu est plus près de moi, qu'il me protége et qu'il veille sur mon troupeau!... Qu'il est bon pour moi, le père Ambroise! que de choses il m'a apprises que j'ignorais, et que de choses il m'apprendrait encore, si je pouvais suivre plus souvent ses leçons! Ah! je serais bien heureux si je pouvais rester près de lui!... Mais c'est impossible! Qui donc mènerait paître nos agneaux? et puis ne faut-il pas que je vienne en aide à mes parents? N'est-ce pas le premier devoir que lui-même m'a enseigné? Honore ton père et ta mère, me dit-il, si tu veux que Dieu t'accorde de longs jours!... Dieu! il m'a appris à le connaître!... Mais qui vient là du fond de ces rochers?... C'est un enfant comme moi! mais qu'il est pâle! On dirait qu'il sort de la terre!..

—

SCÈNE II.

PETER, (HENRI, *sortant des rochers*).

HENRI (*sans apercevoir Peter*).

Où suis-je? Que tout cela est beau! Que cette caverne me semble brillante! Et que celle de mon oncle était sombre!

PETER.

Que dit-il?

HENRI (*de même, regardant le soleil*).

Cette lampe, que l'on a attachée en haut, comme elle est éclatante ! je ne puis y atteindre ! je ne puis même la regarder !

PETER.

Il semble tout étonné !

HENRI.

Cette lampe, c'est peut-être celle dont me parle Richard, et qu'il appelle le soleil !... Mais qui donc a pu monter si haut pour la suspendre.

PETER.

Il parle du soleil comme s'il ne l'avait plus vu, pauvre enfant !

HENRI.

Mais que vois-je là-bas? Ce sont des agneaux bien plus grands et bien plus beaux que ceux que mon ami Richard me taille dans la caverne. (*Il s'avance en hésitant*). Je ne pourrais point les emporter! Tiens! il marche, il est en vie! Je n'ai jamais vu cela!

PETER.

Ce pauvre innocent me fait pitié.

HENRI (*s'avançant, aperçoit Peter.*)

Qu'est-ce que celui-là? Il a l'air d'un enfant comme moi! Sans doute c'est le capitaine de cette belle caverne !

PETER (*avec douceur*).

Bonjour, mon ami !

HENRI (*étonné*).

Il m'appelle son ami! Je n'ai pas d'autre ami que Richard!... Peut-être veut-il me faire du mal, comme ceux

dont parle mon oncle Buelker? (*Il fait un pas en avant*).
Dis-moi, es-tu méchant comme Gurth? Parle!

PETER.

Ne craignez rien, mon ami; je n'ai jamais fait de mal à personne; Dieu m'en préserve!

HENRI.

Dieu! Il parle aussi de Dieu?

PETER.

Mes parents disent que je suis bon.

HENRI.

Tes parents! Moi, je n'ai que mon oncle le capitaine et mon ami Richard!

PETER.

Pauvre enfant! avez-vous donc perdu votre père et votre mère?

HENRI.

Je ne sais; on ne m'en a jamais parlé.

PETER.

Mais d'où venez-vous donc? Comment vous trouvez-vous en ce lieu si matin? je ne connais aucune cabane dans les environs?..

HENRI.

Eh bien! je vais te le dire, puisque tu es le capitaine de cette caverne; j'espère que tu me permettras, car tu as l'air bon, d'y rester avec toi, et de m'amuser avec tes agneaux qui marchent?

PETER (*à part*).

Pauvre enfant! Il est fou, sans doute! Que veut-il dire? (*Haut*). Oui, mon ami, tu resteras près de moi; mais dis-moi d'abord d'où tu viens.

HENRI.

Je vais te le raconter, et tu me croiras, car je sais qu'il ne faut jamais mentir, c'est Richard qui me l'a dit ; et puis tu me feras voir celui qui a allumé là-haut ce grand feu qui nous éclaire et qui semble s'avancer vers nous : il me brûle quoiqu'il paraisse bien loin, plus encore que celui de la vieille Madge.

PETER.

Viens t'asseoir à côté de moi sur le gazon, tu seras à l'abri des rayons du soleil.

HENRI (*s'assied*).

Je veux bien, mais je vais abîmer ton beau tapis et écraser ces fleurs que tu y as attachées ?

PETER.

Ne crains rien, mon enfant ; ces fleurs ne me coûtent rien, et Dieu nous en fournit de nouvelles chaque jour... et maintenant parle, je t'en prie.

HENRI.

Eh bien!... mais auparavant dis-moi quel est ton nom. On m'appelle Henri !

PETER.

Et moi, Peter !

HENRI.

Eh bien ! Peter, vois-tu, avant l'heure où je vais dormir dans le fond de la caverne, mon oncle le capitaine, celui qui a une grande barbe, et de beaux pistolets à sa ceinture, et qui fait trembler tous les autres devant lui... Ah ! il est bien beau, mais il me fait peur... Eh bien ! il est parti avec tous ses camarades, Karl, Gurth et les autres; ils ont aussi emmené le bon Richard avec eux, et m'ont laissé tout seul près de la vieille Madge... J'ai voulu savoir où ils allaient, et quand l'égyptienne a été endormie, j'ai pris une grande bougie que j'ai allumée à la lampe de la caverne, et je me suis engagé dans le souterrain...

PETER (*à part.*)

Pauvre enfant, était-il donc avec des brigands ?

HENRI.

Eh ! vois-tu, j'ai marché bien longtemps dans le souterrain, et j'étais bien fatigué ; ma bougie s'est éteinte, et je me croyais perdu quand j'ai enfin aperçu au loin la lumière de ta lampe ; j'ai couru, croyant que c'était celle de l'égyptienne, et je suis enfin arrivé à ce trou, d'où j'ai sauté dans ta caverne... Je suis bien sûr que mon oncle et les autres rapporteront ce soir de beaux habits, mais je ne veux plus y retourner : il y a souvent du sang sur ces habits, et cela me fait peur.

PETER.

Pauvre enfant !

HENRI.

Mais, dis-moi, Peter, tu veux bien que je reste avec toi ?

PETER.

Oui, mon ami, tu resteras avec moi !

HENRI.

Ah ! je suis bien content !... Tu me feras voir comment tu mets de l'huile dans ta lampe, comment tu plantes ces beaux arbres qui sont plus grands que moi, et ces fleurs qui sont si jolies et si nombreuses ?

PETER.

Oui, mon ami, je t'apprendrai tout cela ; je prierai le père Ambroise, qui est si bon et si savant, de t'enseigner ce qu'il m'a appris à moi-même.

HENRI.

Veux-tu me permettre de cueillir quelques-unes de ces jolies fleurs ?

PETER.

Oui, mon ami, mais ne t'éloigne pas, car voici venir le père Ambroise; c'est l'heure où d'ordinaire il quitte son ermitage pour venir me parler de Dieu et de sa bonté.

HENRI (*commençant à cueillir des fleurs*).

Est-ce cet homme à barbe blanche que j'aperçois là-bas? S'il allait me faire du mal?

PETER.

Ne crains point, mon ami; il est bon, et tu l'aimeras comme moi, dès que tu auras appris à le connaître.

SCÈNE III.

PETER, *se levant ;* HENRI, *dans le fond ;* LE PÈRE AMBROISE.

LE PÈRE AMBROISE (*sans voir Henri*).

Bonjour, Peter ; le Seigneur soit avec toi, mon enfant ; comment se portent ton excellent père et ta bonne mère?

PETER.

Merci, bon père Ambroise ; leur santé se soutient à tous deux.

AMBROISE (*apercevant Henri*).

Apprends-moi donc quel est ce nouveau camarade que tu m'as amené.

PETER.

Ah! bon père Ambroise, ce pauvre enfant vous fera pitié..... Henri, viens, mon ami, n'aie point de crainte. (*Henri s'approche*).

Théâtre. 2

AMBROISE.

Mon enfant, quel est ton nom, et quel village habitent tes parents?

HENRI.

Mon oncle, le capitaine Buckler, m'appelle Henri.

AMBROISE (*à part*).

Buckler, c'est le nom d'un chef de brigands que l'on poursuit depuis plusieurs années, et qui jette l'effroi dans toute la contrée! (*haut*) étais-tu donc avec ce Buckler?

HENRI.

Oui, mais je l'ai quitté, et si tu veux je n'y retournerai plus; il est méchant; il a du sang sur ses habits!

AMBROISE.

Pauvre enfant! oui! tu resteras près de moi, et jusqu'à ce que je puisse te rendre à ton père, je promets de t'en tenir lieu.

HENRI.

Ah! tu as l'air bon; mais je voudrais bien rester aussi avec mon ami Peter; sa caverne est si belle; la tienne, dis-moi, est elle aussi bien éclairée; as-tu comme lui une lampe qui éclaire et réchauffe en même temps?

AMBROISE.

Cher enfant, ce que tu vois là-haut, c'est le soleil.

HENRI.

Et qui donc l'y a suspendu?

AMBROISE.

Le bon Dieu!

HENRI.

Le bon Dieu! tu me parles du bon Dieu? Le capitaine et les autres semblaient le craindre! ils n'en parlaient que lorsqu'ils étaient en colère; mais comment peut-il monter si haut?

AMBROISE.

Il est tout-puissant !

HENRI.

Est-ce lui qui a planté ces arbres?

AMBROISE.

Oui, c'est aussi le bon Dieu.

HENRI.

C'est donc à lui toute cette caverne ?

AMBROISE.

Tout ce que tu vois est à lui, mon enfant, et nous mêmes nous lui appartenons !

HENRI.

Ah ! je voudrais bien le voir !

AMBROISE.

Mon enfant, il est partout ; c'est lui qui nous a donné ce brillant soleil pour nous éclairer ; ces arbres pour nous abriter, ces fruits que tu vois suspendus à leurs branches pour nous nourrir.

HENRI.

Il est bien bon alors le bon Dieu, et il me tarde de le connaître ; mène-moi donc vers lui !

AMBROISE.

Bientôt, mon enfant, mais dis-moi, n'as-tu jamais connu ton père et ta mère ?

HENRI.

Mon père ! qui est-ce donc? je ne sais!... Ma mère ! oh' je la connais, et elle est bien belle, bien plus belle que la vieille Madge.

AMBROISE.

Où est-elle donc !

HENRI.

Oh! elle est suspendue à mon cou, et Richard m'a dit qu'il me fallait jamais m'en séparer. (*Il montre un petit médaillon*).

AMBROISE.

Pauvre enfant, c'est là ta mère!

HENRI.

Oui! regarde comme elle me sourit.

SCÈNE IV.

Les mêmes, JOHANN.

JOHANN.

Ah! père Ambroise, dans quels temps vivons-nous?

AMBROISE.

Qu'y a-t-il Johann?

PETER.

Mon père qu'avez-vous! au nom du ciel?

JOHANN.

Apprenez, père Ambroise, que la nuit dernière, une troupe de brigands, commandée, dit-on. par le cruel Buekler, est descendue dans la vallée d'Ossau;... Ils ont arrêté et pillé des voyageurs qui se rendaient en Italie; et l'on ajoute même qu'en se retirant, pour se venger des habitants du village d'Ossau qui voulaient s'opposer à leur passage, ils ont incendié leurs pauvres habitations.....

AMBROISE.

C'est affreux, Johann, si tout ce que vous dites est véritable.

JOHANN.

Mais, bon père, dites-moi, quel est ce jeune enfant, dont la figure m'est tout-à-fait inconnue ?

SCÈNE V.

Les mêmes, KARL, GURTH, *derrière les rochers, déguisés en mendiants, et sans être vus tout le temps de la scène.*

KARL *à Gurth.*

C'est lui !

GURTH.

Et voilà celui qu'on appelle le père Ambroise.

KARL.

Silence, Gurth ! écoutons !

AMBROISE *à Johann.*

Ce pauvre enfant, Johann, c'est encore une victime de ce cruel Buckler, qui l'a sans doute enlevé à ses malheureux parents... Grâce à Dieu, il s'est échappé de ses mains !

JOHANN.

Mais ne craignez-vous point, bon père, qu'ils ne se mettent à sa poursuite et ne parviennent à l'enlever de votre ermitage ?

PETER.

Prenez garde, cher père Ambroise !

HENRI.

Oh ! ne permettez pas, je vous en prie, qu'ils me ramènent dans leur sombre caverne ; je veux rester avec vous !

AMBROISE.

Il sera, je l'espère, en sûreté près de moi ; les brigands ne viennent point visiter ma cabane; ils n'y recevraient que de bons conseils, et ce n'est point ce qu'ils cherchent ; cependant je vous recommande le plus profond secret!

JOHANN.

Soyez tranquille, bon père !

AMBROISE *à Henri*.

Viens, mon enfant, et avec l'aide de Dieu, j'espère te dérober à tes ennemis, et te rendre à ta famille ; suivez-nous, Johann, et toi aussi, Peter ; vous partagerez mon modeste repas avant de rentrer dans votre village : (*ils sortent*).

SCÈNE VI.

KARL et GURTH (*entrant sur la scène*).

KARL.

Ils l'emmènent avec eux !

GURTH.

Pourquoi le capitaine ne m'a-t-il pas écouté ; cet enfant sera notre perte à tous !

KARL.

Hâtons-nous de le prévenir, afin que nous puissions agir sans délai pour le remettre en notre pouvoir ; c'est un ôtage précieux en cas de malheur, et il importe qu'il ne puisse nous échapper !

GURTH.

Quel est donc cet enfant? Vous le savez, Karl; je ne faisais point encore partie de la bande de Buckler, lorsqu'il s'en empara ; mais vous?...

KARL

Silence, Gurth, c'est le secret du capitaine. (*Ils rentrent au milieu des rochers, la toile tombe*).

ACTE III.

La scène est devant l'ermitage du père Ambroise.

SCÈNE Ire.

AMBROISE, HENRI.

HENRI.

Que tout cela est beau, père Ambroise ! comme ces fleurs sont bien peintes et bien découpées ! que de temps et de patience il t'a fallu pour faire tout cela ! où donc as-tu trouvé ces étoffes plus douces que la soie et le velours ?

AMBROISE.

Ce n'est point moi, cher enfant, qui ai fait ces fleurs, et les hommes les plus habiles ne parviendraient pas à fabriquer même une seule de ces feuilles... !

HENRI.

D'où viennent-elles donc ?

AMBROISE.

Elles sortent de la terre !

HENRI.

Bien sûr, tu veux me tromper; c'est comme si tu me disais que ta maison et tes habits sortent de terre.

AMBROISE.

Mon enfant, je n'ai jamais trompé personne et je ne commencerai pas à mon âge : regarde ces arbres, regarde combien ils portent de feuilles et de branches; crois-tu donc qu'un homme puisse avoir fait tout cela ?

HENRI

Je vois que tu as raison : il est impossible qu'un homme puisse faire tout cela, et maintenant je croirai tout ce que tu voudras m'apprendre.

AMBROISE.

Je t'ai parlé hier du bon Dieu : je t'ai dit que c'était lui qui avait créé le soleil pour nous éclairer ; je t'ai dit que c'était lui qui avait arrondi sur nos têtes cette grande voûte où semblent suspendues la lune et des milliers d'étoiles plus brillantes que l'or; eh bien! c'est lui encore qui a disposé la terre de telle sorte que, dans son sein, de toutes petites graines deviennent de très grands arbres ou de belles fleurs; c'est lui enfin qui a fait tout ce qui nous entoure ; et qui a voulu fournir aux hommes tout ce qui peut leur être nécessaire... !

HENRI.

Oui, bon père Ambroise, je comprends que les hommes ne peuvent avoir fait tout ce que je vois; mais quel est donc celui que tu appelles le bon Dieu?

AMBROISE.

Ecoute, mon cher enfant, la beauté et la grandeur de tout ce qui est dans la nature, les bienfaits dont l'homme est comblé nous démontrent qu'il y a au-dessus de nous un créateur de toutes choses; cet être est tout-puissant, infiniment bon, infiniment sage, on l'appelle Dieu; c'est notre père; c'est lui qui a créé le monde, le soleil, l'univers tout entier; c'est lui qui a créé l'homme, son corps périssable, et son âme immortelle.

HENRI.

Oui, cela doit être vrai; je comprends que de même que ta petite cabane n'a pu s'élever toute seule, le monde n'a pu se faire tout seul non plus.

AMBROISE.

Ce Dieu bon ne s'est pas contenté de nous donner la vie et de nous placer sur la terre; il veille encore sur chacun de nous; il t'a protégé lui-même comme un enfant chéri ; c'est lui qui t'a conservé au milieu des brigands; c'est lui qui a guidé tes pas dans leurs sombres galeries; c'est lui qui m'a envoyé au-devant de toi, afin que je t'apprisses à le connaître et à l'aimer. Tu dois donc te montrer plein de reconnaissance envers lui.

HENRI (*levant ses mains au ciel*).

O mon Dieu! qui m'avez nourri au milieu des méchants, et qui m'avez délivré de leurs mains pour me faire voir votre beau soleil et le monde que vous avez créé, je vous remercie de votre bonté; faites que j'apprenne à vous connaître, et récompensez ce bon père, qui déjà m'a appris à vous aimer.

AMBROISE.

Bien, mon cher Henri : à l'avenir n'oublie pas de témoigner à Dieu ta reconnaissance pour ses bienfaits, le matin à ton lever et le soir à ton coucher!... J'ai encore bien des choses à t'apprendre, mais quel est cet étranger qui s'avance vers nous?

SCÈNE II.

LES PRÉCÉDENTS, GURTH (*avec un bras en écharpe et un emplâtre sur la figure*).

HENRI.

Oh! cette figure m'effraie; garde-moi, bon père Ambroise, j'ai grand'peur.

AMBROISE.

Ne crains rien, cher enfant, on ne te fera point de mal. (*A Gurth.*) Qui êtes-vous? Que demandez-vous?

GURTH.

Hélas! vénérable seigneur, ayez pitié d'un malheureux qui se recommande à votre charité!

HENRI (*à part*).

Oh! cette voix me fait trembler!

AMBROISE.

Asseyez-vous, mon pauvre ami! et dites-moi en quoi je puis vous être utile?

GURTH.

Ah! charitable vieillard, secourez-moi, je vous en conjure!

AMBROISE.

Parlez!

GURTH.

Malheureux frère! pauvre Antoine!

AMBROISE.

Vous m'intéressez, mon ami! je vous écoute.

GURTH.

Hélas! seigneur, je suis colporteur, et je me rendais en Italie avec mon frère Antoine;... en traversant les montagnes, d'affreux brigands nous ont assailli et dépouillé de tout ce que nous possédions! et mon pauvre frère Antoine (*il pleure*), ils l'ont assassiné!... et moi-même, vous le voyez, ils m'ont blessé cruellement!

AMBROISE.

Pauvre homme, votre frère est-il donc mort?

GURTH.

Ah! peu s'en faut, cher seigneur! Je l'ai laissé, là-bas, dans la cabane d'un berger où il s'est traîné à grand'peine!

AMBROISE.

Cette cabane est-elle bien loin d'ici?

GURTH.

Non, généreux vieillard! j'espérais pouvoir, malgré son triste état, le faire transporter à la ville pour lui faire donner les soins nécessaires; mais, blessé moi-même, je n'ai pu le conduire plus loin!

AMBROISE.

Pauvre homme! peut-être pourrai-je lui être utile ; conduisez-moi auprès de lui.

HENRI (*à part*).

Oh! je tremble de peur!

GURTH.

Oui, noble vieillard; venez! vous le sauverez de la mort, mon pauvre frère!

HENRI.

Oh! bon père Ambroise, n'y allez point; cet homme m'effraie! peut-être est-ce un des brigands de la caverne!

AMBROISE.

Henri, mon enfant, ne crains point; Dieu nous commande de faire le bien; je vais te laisser seul, mais pour peu de temps, j'espère, ne t'éloigne pas de l'ermitage.

HENRI (*hésitant*).

Mais ne puis-je donc te suivre, mon ami!

AMBROISE.

Non, mon enfant, tu sais bien que Peter et son père doivent se rendre ici ce matin! ils seraient inquiets s'ils ne trouvaient personne.

GURTH (*à part*).

Diable, il est temps de s'éloigner; cela pourrait devenir dangereux! (*Haut*). Hâtez-vous, bon père, peut-être sera-t-il trop tard!

AMBROISE.

Je vous suis! Adieu Henri! (*Ils sortent*).

―

SCENE III.

HENRI *seul*.

Il me laisse seul; je tremble; la figure de cet étranger m'a effrayé; il me semble que je l'ai déjà vue! Oh! si c'était quelqu'un de ces brigands!... Mais le bon Dieu ne nous abandonnera pas, le père Ambroise me l'a promis... Voici quelqu'un; c'est sans doute Peter, lui aussi s'est montré bien bon pour moi! Oh! je l'aime beaucoup!

―

SCÈNE IV.

HENRI, BUEKLER, KARL (*apparaissent au fond*).

BUEKLER.

Le voici! il est seul; emparons-nous de lui, le moment

est favorable, et fuyons au plus tôt, car nous ne tarderons pas à être poursuivis, si, comme on l'affirme, le comte d'Eichenfeld est en campagne!

HENRI

Je suis perdu : voici le capitaine et Karl, son lieutenant!

BUEKLER (*ricanant*).

Eh bien! mon gentil neveu, est-ce ainsi que l'on quitte ses amis sans leur dire adieu?

HENRI (*effrayé*).

Oh!... mon oncle, laisse-moi ici, je t'en prie!

BUEKLER.

Ah! ah! tu croyais nous avoir échappé pour toujours!

HENRI.

O mon oncle, ayez pitié de moi; ne me faites pas de mal!

BUEKLER.

Comme tu vois, j'ai le bras assez long pour te rattraper, petit déserteur, il faut nous suivre!

HENRI.

Oh! laisse-moi, je suis si heureux avec le père Ambroise!

KARL.

Ah! ah! le père Ambroise, tu ne le reverras pas de sitôt!

HENRI.

O mon oncle, restez ici avec moi et avec le bon père Ambroise; si vous saviez, il est si bon; il m'apprend à connaître le bon Dieu!... et puis ici c'est bien plus beau, bien plus brillant que dans votre caverne; voyez comme il y a de jolies fleurs et de beaux arbres!

BUEKLER.

Allons, allons, toutes ces paroles sont inutiles! Karl, les instants sont précieux!... nous pourrions être attaqués d'un instant à l'autre!... Prends cet enfant sur tes épaules, et partons !...

HENRI.

O mon Dieu, qui m'avez protégé jusqu'ici, ne m'abandonnez pas !

Karl le saisit, et ils s'éloignent au moment où Peter entre de l'autre côté.)

SCÈNE V.

PETER (*seul*).

O mon Dieu! que vois-je! on entraîne ce pauvre Henri! il est retombé entre les mains de ses ennemis!... malheureux enfant!... (*il crie*). Henri! Henri! (*On entend la voix d'Henri répondant : Peter! Peter! à moi! au secours!*) Que faire? je suis trop faible pour le secourir! et mon père n'arrive pas!... au secours! au secours!... mais qu'est devenu le bon père Ambroise? l'ont-ils assassiné? lui est-il arrivé malheur? oh! ces brigands!... au secours! au secours!... Enfin, voilà mon père!

SCÈNE VI.

PETER, JOHANN, *Paysans et bergers armés de bâtons et de fourches ou de faulx.*

JOHANN.

Qu'y a-t-il donc, mon enfant, et pourquoi ces cris?

PETER.

Ah! mon père! ah! mes amis! courons à leur secours!

JOHANN.

Parle donc, mon fils!

PETER.

Ah! mon père! les brigands!

JOHANN.

Les brigands! où donc? nous sommes à leur recherche, et n'avons pu les rencontrer!

PETER.

Nous arrivons trop tard ; ils ont enlevé cet enfant, à peine échappé de leurs mains!

JOHANN (*aux paysans*).

Courons, mes amis; peut-être pourrons-nous les atteindre avant qu'ils regagnent leur repaire! (*A Peter*). Mais où est donc le père Ambroise?

PETER.

Sans doute ils l'ont aussi entraîné avec eux!
(*Johann sort avec les paysans en courant par la droite*).

—

SCÈNE VII.

PETER (*seul*).

O mon Dieu! faites qu'ils puissent les arracher à leurs cruels ennemis!

—

SCÈNE VII.

PETER, AMBROISE, LE COMTE, UN SERGENT
(*tous ces derniers doivent entrer par la gauche*).

LE COMTE.

Que je suis heureux, bon père Ambroise, d'être arrivé à temps pour vous arracher à ces lâches brigands qui en voulaient à vos jours.

AMBROISE.

Grâces vous soient rendues, après Dieu, mon cher comte !

LE COMTE.

Permettez, mon cher vieux maître, que je donne quelques ordres : (*au sergent*) sergent Franck, veillez soigneusement sur vos prisonniers; que pas un d'eux ne puisse échapper ; ils font, sans aucun doute, partie de la troupe que nous poursuivons, et leur vie appartient à la justice... cependant ramenez aussi celui d'entr'eux qui a parlé de faire des révélations ; peut-être nous livrera-t-il ses complices !

FRANCK.

Oui, mon colonel. (*il sort*).

—

SCÈNE VIII.

LE COMTE, AMBROISE, PETER (*en arrière*).

LE COMTE.

Et maintenant, mon vieux maître, apprenez-moi, vous qui avez pris soin de mon enfance, et que j'ai vainement cherché pendant plusieurs années, comment je vous trouve dans cette solitude aux prises avec des assassins ?

AMBROISE.

Je vais vous l'apprendre, Monsieur le comte ; j'ai été attiré loin de mon ermitage par l'un des brigands que vous avez arrêtés !... mais permettez... (*à Peter*) dis-moi donc, mon enfant, qu'est devenu Henri, ton jeune camarade ?

PETER.

Hélas ! bon père (*à part*) comment le lui apprendre ! (*haut*) les brigands !

AMBROISE.

Que veux-tu dire ?

PETER.

Ils l'ont enlevé presque sous nos yeux !... mon père et les autres du village sont à leur poursuite, et sans doute ils pourront les atteindre !

AMBROISE.

O mon Dieu ! puisse cet innocent enfant échapper encore une fois à ses ennemis !

—

SCÈNE IX.

LES PRÉCÉDENTS, LE SERGENT FRANCK, GURTH, (*débarrassé de son déguisement, il tremble*), DEUX SOLDATS.

LE SERGENT.

Mon colonel, voici le prisonnier qui a demandé à vous parler.

LE COMTE (*à Gurth*).

Vous avez demandé à faire des révélations ?

GURTH (*tremblant*).

Oh ! noble général, je... je... suis... innocent... Je n'ai

jamais fait de mal... c'est le cruel Buckler qui m'a forcé à faire partie de la troupe... oh! grâce, mon général !

LE COMTE.

Je n'ai pas le droit de faire grâce ; ta vie et celle de tes complices appartiennent à la justice !

GURTH, (*tremblant*).

Oh ! promettez-moi la vie!... la vie!... et je vous les livrerai tous!... je vous ferai connaître l'entrée de la caverne... grâce!... (*il se met à genoux*).

LE COMTE (*se reculant avec dégoût*).

Je ne puis rien te promettre ; mais...

GURTH.

Promettez-moi d'intercéder en ma faveur, et!...

LE COMTE.

Livre tes compagnons..., la justice est quelquefois indulgente pour... (*à part*) les traîtres ! (*au sergent*) allez ! qu'il vous conduise avec vos hommes ; mais au moindre mouvement qu'il fera pour fuir, au moindre soupçon, brûlez lui la cervelle !

LE SERGENT.

Oui, mon colonel! je vous réponds de lui ! (*il sort avec Gurth et les soldats*).

—

SCÈNE X.

AMBROISE, LE COMTE, PETER.

LE COMTE.

Que je vous répète encore, avant de vous quitter mon cher précepteur, combien je suis heureux de vous revoir après tant d'années... Dès ma rentrée en France, je me serais mis de nouveau à votre recherche, si le gouvernement ne m'eût immédiatement chargé d'une mission honorable, et que j'avais moi-même sollicitée...

AMBROISE.

Laquelle, mon cher comte ?

LE COMTE.

Celle de mettre fin aux brigandages qui désolent cette malheureuse contrée... oui, cette mission, j'ai ardemment souhaité qu'elle me fut confiée, dans un espoir, hélas! bien chimérique !

AMBROISE.

Parlez, cher comte !

LE COMTE.

Ignorez-vous l'affreux malheur qui nous frappa il y a bientôt huit ans.

AMBROISE.

Depuis trente ans, les bruits du monde n'arrivent plus jusqu'à moi ; dans cette solitude je ne vois que quelques bergers... et pourtant, je me proposais d'en sortir une dernière fois, pour... mais apprenez-moi, je vous prie, quel est le malheur dont vous parliez ?

LE COMTE.

Apprenez, mon cher maître, qu'au moment où je fus appelé à commander un régiment en Espagne, j'avais un fils fort jeune encore, qui faisait mon orgueil, et celui de sa pauvre mère... Dans la première bataille qui fut livrée aux Espagnols, je fus malheureusement blessé et fait prisonnier ; mais jugez de mon désespoir, lorsqu'à peine rétabli de la blessure dangereuse que j'avais reçue, j'appris que cet enfant encore au berceau, avait disparu !

AMBROISE.

Votre enfant?

LE COMTE.

Oui, père Ambroise, et malgré toutes les recherches de sa malheureuse mère, on ne peut en retrouver aucune trace; a-t-il péri! fut-il enlevé par quelques ennemis de ma famille; nous l'ignorons encore!

AMBROISE (*à part*).

O Dieu puissant, si... mais non ; c'est invraisemblable : (*haut*) quel âge aurait votre enfant?

LE COMTE.

Dix ans mon ami!

AMBROISE (*à part*).

Serait-il possible, cet enfant auquel je suis attaché, serait le fils!...

LE COMTE.

Mais, mon vieil ami, le devoir m'appelle; je vous quitte, avec l'espérance de vous revoir bientôt; il faut en finir avec ces brigands qui portent le désespoir dans les familles.

—

SCÈNE XI.

LES MÊMES, HENRI, JOHANN, KARL, PAYSANS, SOLDATS, *tenant au milieu d'eux* BUEKLER, KARL, RICHARD *et les autres brigands les mains attachées.*

HENRI (*courant à Ambroise*).

Je reviens à toi, bon père Ambroise!

AMBROISE.

Mon enfant! mon cher enfant, rends grâce à Dieu et à ces braves amis qui t'ont délivré de leurs mains !

HENRI (*à Peter*).

Mon bon Peter ?

PETER.

Mon cher Henri !

LE COMTE (*à Ambroise*).

Quel est donc cet intéressant enfant !

AMBROISE (*à part*).

O mon Dieu, s'il était vrai ! (*à Henri*) approche, mon enfant, viens saluer le comte d'Echeinfeld ! (*Henri s'approchant en hésitant un peu*).

LE COMTE.

Quel charmant visage ! approche mon enfant !

HENRI.

Volontiers ; tu as l'air bon, et puis tu es si beau, bien plus beau que le capitaine Buckler ?

LE COMTE.

Quel est ton nom ?

HENRI.

On m'appelle Henri !

LE COMTE.

Ton père !

HENRI.

Mon père est au ciel ! m'a dit le père Ambroise; c'est le bon Dieu !

LE COMTE (*ému*).

Bien, mon enfant ! et ta mère ?

HENRI.

Oh ! ma mère, je l'ai là, dans une belle boîte ; veux-tu la voir comme elle est belle (*Il lui offre son médaillon.*)

LE COMTE.

Ciel ! est-il possible ! mon fils ! mon cher enfant ! que Dieu soit béni !

AMBROISE.

Oui, mon cher comte, n'en doutez point : Henri est bien votre fils que vous enlevèrent les brigands.

LE COMTE, (*serrant Henri dans ses bras*).

Mon fils ! mon enfant ! je n'ose y croire.

AMBROISE.

Seigneur ta bonté est infinie !

BUEKLER (*s'avance les mains liées*).

Oui, c'est bien là ton fils, noble comte ; ton fils que je t'enlevais pour me venger !

LE COMTE.

Je te reconnais Buekler ; tu vois où mène l'inconduite ; mais désormais tu appartiens à la justice ; que Dieu te pardonne tes crimes à toi et à tes camarades.

GURTH.

Grâce pour moi, noble comte ! vous me l'avez promis.

BUEKLER.

Traître ! ne compte point sur ta grâce ; tu fus plus cruel qu'aucun de nous.

HENRI.

Ah ! mon père, je t'en prie grâce pour le pauvre Richard ; il m'aimait, et n'a jamais fait de mal.

BUEKLER.

Oui, noble comte, Richard était mon prisonnier, et non pas notre camarade ; vous pouvez lui pardonner.

LE COMTE.

Ce droit ne m'appartient pas, il a été pris les armes à la main; mais je pourrai du moins le recommander à la clémence de l'empereur. (*à Henri*) N'as-tu rien plus à me demander, mon fils ?

HENRI.

Mon père, s'il te plaît, ne me sépare pas du bon père Ambroise et de mon ami Peter?

LE COMTE.

Tous deux nous suivront à Eichenfeld, et ne te quitteront plus; et maintenant?...

HENRI.

Maintenant, allons voir ma mère !

La toile tombe.

PERSONNAGES.

Cascaret, maigre financier.
Prudhomme, gros marguillier
Calimart, agent d'affaires.
Bondon, bon vivant.
Guichard, notaire.

LE TESTAMENT

Comédie en un acte et en vers.

La scène se p..s.e à Paris, dans la maison de M. Duran..,
cédé, et dans son cabinet, où se trouve un bureau e
un grand coffre au-dessous, fermé de trois
cadenas.

SCÈNE Ire.

CASCARET, PRUDHOMME.

CASCARET.

Ainsi donc, il n'est plus, notre pauvre cousin !

PRUDHOMME (*s'essuyant les yeux, d'un ton lugubre*).

Pour nous, cher Cascaret, c'est un bien grand chagrin,
Que de l'avoir perdu : c'était un si brave homme !

CASCARET (*pleurant*).

A qui le dites-vous ?... mais quoi ! mon cher Prudhomm
Même sort nous menace tous !

PRUDHOMME.

Hélas ! ce que c'est que de nous !
Hier, hier encor il était plein de vie !
Je suis venu le voir ; il semblait aller mieux !
Qui pouvait deviner que cette maladie
      Aurait si triste fin !

Théâtre.

CASCARET (*changeant de ton*).
Durand était-il vieux?

PRUDHOMME.

Soixante-quatorze ans !

CASCARET (*riant*).

Diable! mais à cet âge,
On ne peut se flatter de vivre bien longtemps!

PRUDHOMME (*riant*).

Sans doute !

CASCARET.

Savez-vous ce que vaut l'héritage ?

PRUDHOMME.

Durand doit nous laisser quatre cent mille francs !

CASCARET (*à part*).

Nous, c'est un peu douteux!

PRUDHOMME.

Il était économe !

CASCARET.

Avare, dites donc ; il aimait les écus,
Et n'aurait point osé manger ses revenus !
Il se privait de tout, je le sais, cher Prudhomme !

PRUDHOMME.

Pour avare, il l'était, c'est bien la vérité ;
Car moi qui tous les ans me charge d'une quête
Pour les pauvres de la cité.....
(*Il s'interrompt pour se moucher*).

CASCARET (*à part*).

Je sais pourquoi ; tu n'es pas bête,
Et tu prélèves large part.

PRUDHOMME.

Eh bien ! jamais de lui je n'obtins même un liard :

Je veux savoir à qui je donne,
Disait-il en riant : l'on prétend qu'une aumône
Qui passe par plus d'une main,
Risque de s'égarer (ceci point ne vous blesse) !
Et ne va pas toujours à son adresse.

CASCARET.

Je l'ai prié, toujours en vain
De placer quelques fonds...

PRUDHOMME (*à part*).

Oh ! quelle fourberie !

CASCARET.

Dans le commerce ou l'industrie :
J'avais beau lui prouver qu'il devait s'enrichir ;
A quoi, dit-il, cela pourrait-il me servir ?
Je suis sobre et je vis sans trop grande dépense ;
Et puis je l'avouerai, j'ai peu de confiance
En ces hardis spéculateurs,
Qui sont volés, s'ils ne sont pas voleurs...

PRUDHOMME (*à part*),

Il raisonnait très bien !...

CASCARET.

Mes héritiers peut-être...

PRUDHOMME (*riant*).

Ah ! ah ! ses héritiers, vous les fît-il connaître ?

CASCARET.

Point du tout !

PRUDHOMME.

S'il n'avait pas fait de testament !

CASCARET.

Croyez-vous ?

PRUDHOMME.

Que non pas ! il était trop prudent ?

Entre nous deux soit dit, d'autre part, je suppose
Qu'il n'aura pas voulu laisser grand'chose,
A notre gros cousin, Anatole Bondon...

PRUDHOMME.

Sur ma foi! vous avez raison,
Car Anatole est un ivrogne...

CASCARET.

Et de plus ajoutez : un joueur sans vergogne.

PRUDHOMME.

Il ne songe qu'à boire..

CASCARET.

A jouer l'écarté !
Mais taisons-nous, le voici qui s'avance.

PRUDHOMME.

Sur tout ce que j'ai dit gardez-moi le silence !

SCÈNE II.

LES MÊMES, BONDON

BONDON.

Eh! bonjour, mes cousins, comment va la santé ?
Moi, je ne vais pas mal . un verre d'alicante
Est très bon le matin pour chasser le brouillard ;
Aussi je me trouve en retard.

PRUDHOMME (*reprenant le ton lugubre*).

Bondon, votre conduite est vraiment affligeante !
Ah! du moins respectez ma profonde douleur!

CASCARET (*de même*).

Vous devriez rougir : n'avez-vous point de cœur ?

BONDON (*riant*).
Ah! ah! mes bons amis! vous jouez votre rôle!
(*Il prend un ton pleurard.*)
Pauvre Durand! trop regretté cousin!
Hélas! il n'est donc plus!
(*sur le ton naturel.*)
Allez, votre chagrin
Ne vous vaudra pas une obole!
Laissez lire le testament!

CASCARET.
Vous savez donc que le cher homme
En a fait un?

BONDON.
Certainement!

PRUDHOMME.
Il vous l'a dit?

BONDON.
Oui, oui, pauvre Prudhomme :
Après ma mort, dit-il, Bondon, je le promets,
Mes héritiers seront traités.

CASCARET.
Parlez donc!

BONDON.
Suivant leur mérite!

PRUDHOMME.
Ce bon cousin!

CASCARET.
Pauvre Durand!

BONDON (*à part*).
Ils n'auront rien,
Car il les connaissait trop bien,

Prudhomme pour un hypocrite,
Et Cascaret pour un grand sot!
         PRUDHOMME (*à part*)
Je donnerais fort peu de chose
      De leur part à tous deux.
         CASCARET (*à part*).
                    Ils n'auront, je suppose,
Pas grand'peine à porter leur lot!
         BONDON.
Ah! nous rirons, je m'imagine,
Quand nous verrons la triste mine
De Calimard notre ennuyeux parent,
Qui sur le code est si savant!
         CASCARET.
Il est vrai qu'il parle sans cesse
De lois, de tribunaux, d'avocats, de procès!
         PRUDHOMME.
Il n'aurait au barreau que fort peu de succès.
         BONDON (*à part*).
   Allons! ferme, appuyez!
         PRUDHOMME.
           Sa langue est trop épaisse!
         CASCARET.
Mais le voici.

SCÈNE III.

LES MÊMES, CALIMARD.

CALIMARD.

Messieurs, excusez-moi !
J'ai voulu ce matin examiner la loi
Pour savoir s'il est bon d'accepter l'héritage.

BONDON (*à part*).

Mais il n'est pas encor bien certain d'hériter !

CALIMARD.

Avant de faire le partage,
Il faudra, je crois, l'accepter
Sous bénéfice d'inventaire ;
Dans tous les cas, c'est fort prudent !
Car notre malheureux parent
A fait, je le crains fort, plus d'une sotte affaire !
Il ne m'a jamais écouté :
Cher Durand, lui disais-je, on vous gruge, on vous pille !
Ah bah ! répondait-il, je n'ai point de famille,
Laissez-moi ma tranquillité !
S'il eût voulu plaider, je suis un bon légiste !

CASCARET.

C'était un ignorant !

CALIMARD.

Un sot !

PRUDHOMME.

Un égoïste !

BONDON (*à part*).

Allons donc, de sa dent que chacun d'eux l'entame !
(*Haut*) Pour moi hautement je le blâme
D'avoir dédaigné le bon vin !

CASCARET.

Gros farceur de Bondon!

BONDON.

Pour bannir le chagrin,
Rien ne vaut le jus de la treille!

PRUDHOMME.

Voici venir maître Guichard.

BONDON (*à part*).

Qui ne déteste pas une vieille bouteille!

SCÈNE IX.

LES MÊMES, GUICHARD.

GUICHARD.

Chers messieurs, je suis en retard,
Veuillez bien m'excuser : vous savez qu'un notaire
N'est jamais libre un seul moment!...
Nous allons commencer; mais avant l'inventaire,
Il faut lire le testament!

CASCARET (*vivement*).

Il en a donc fait un? vous le portez, cher maître?

GUICHARD.

Non; mais votre cousin, la veille de sa mort...

PRUDHOMME.

Jour néfaste pour nous!

CALIMARD.

Hélas!

GUICHARD.

M'a fait remettre

Un billet que je veux vous lire tout d'abord :
  Ce billet porte mon adresse.

BONDON.

Nous écoutons.

GUICHARD.

  Voici : mon vieil ami Guichard,
Dont le savoir et la délicatesse...
Bon! trêve aux compliments!... préviendra sans retard,
Sitôt que de ma mort il aura connaissance,
Prudhomme, Cascaret, Calimard et Bondon,
  Mes seuls parents de sang ou d'alliance,
De se rendre avec lui tous quatre en ma maison.
    Pour assister à la lecture
    Qu'il fera de mon testament!
    Je l'ai caché fort prudemment
Dans un coffre fermant d'une triple serrure.

CASCARET (*montrant le coffre*).

Voici le coffre !

BONDON (*prenant des clefs sur le bureau*).

    Et voici bien trois clefs!

PRUDHOMME.

Il me paraît bien grand?

CALIMARD.

    Il contient, c'est probable,
Les titres des propriétés!

GUICHARD.

Eh bien! messieurs, posez-le sur la table.

CASCARET (*montrant le coffre*).

Bondon, vous êtes fort.

BONDON (*prenant le coffre*).

    Messieurs, bien volontiers.

3..

Il n'est pas très pesant !
    CALIMARD.
      Il ne contient peut-être,
Au lieu d'argent que des papiers !
    PRUDHOMME (*impatient*).
Allons ! ouvrez-le, mon cher maître !
    GUICHARD (*ouvrant les cadenas*).
M'y voici : votre vieux parent
Etait, sur ma foi, très prudent,
Et le tromper n'eut pas été facile !
    CASCARET.
Entre nous c'eût été d'ailleurs fort inutile !
    PRUDHOMME.
Le voici donc ouvert !
    CALIMARD (*étonné*).
      Mais il ne contient rien !
    CASCARET.
Qu'un coffre plus petit !...
    GUICHARD (*le tirant du premier*).
      Qui paraît très solide !
    PRUDHOMME (*regardant le coffret*).
Il faudra le briser !
    CALIMARD (*regardant aussi le coffret*).
      Où trouver le moyen
De l'ouvrir,
    PRUDHOMME.
   Et peut-être encor sera-t-il vide ?
    GUICHARD.
Je ne le pense pas; cherchons-en le secret,
  Car il serait vraiment dommage

De l'abîmer.
BONDON.
C'est à vous, Cascaret
(*A part à Calimard et à Prudhomme*).
Qui de votre savoir faites grand étalage,
(*Haut*) A nous tirer de ce grave embarras.
CALIMARD (*à part à Prudhomme et à Bondon.*)
Il peut bien essayer, mais ne l'ouvrira pas !
GUICHARD.
Bon ! j'ai trouvé le joint !
BONDON.
Bravo, mon cher notaire !
PRUDHOMME.
Que contient le coffret ?
GUICHARD.
Rien qu'une tabatière
Sur laquelle se trouve un papier tout petit,
Où votre cher cousin a de sa main écrit :
A mes bons héritiers ! (*Il rit*).
CASCARET.
Mais lisez donc le reste !
GUICHARD (*riant*).
Soit ! J'ai du bon tabac...
CALIMARD.
Arrêtez ! je proteste !
GUICHARD (*ouvrant la tabatière*).
Voici le testament !
PRUDHOMME.
Monsieur, nous écoutons !
CALIMARD.
Lisez, mais je vous observe,

Que sur ce point je fais toute réserve,
Et, si je suis trompé, morbleu ! nous en verrons !
GUICHARD (*sérieux*).
Monsieur, veuillez d'abord écouter en silence,
Vous plaiderez plus tard.
CALIMARD.
Lisez donc !
GUICHARD.
Je commence.

Je soussigné, JEAN-BAPTISTE DURAND,
Ai fait, ainsi qu'il suit, de crainte d'accident,
En la forme d'un codicile,
Mon testament, la main sur l'Evangile :
Je suis vieux, je n'ai pas d'enfants,
Et je ne dois rien à personne ;
Ma fortune s'élève à six cent mille francs !
CASCARET.
Ah ! l'excellent cousin !
PRUDHOMME.
Qu'il avait l'âme bonne
BONDON.
Il n'avait qu'un défaut, il détestait le vin.
CALIMARD.
Taisez-vous ! écoutez la fin !
GUICHARD (*lisant*).
De valeurs elle est composée ;
En quatre parts je veux qu'elle soit divisée :
De la première on fondera
Une école pour la jeunesse ;
Avant tout, mon cousin Cascaret recevra...
CASCARET.
Pauvre Durand ! pour moi qu'il avait de tendresse !

GUICHARD.

La somme de trois francs...

CASCARET (*furieux*).

Trois francs! c'est une erreur.
Maître, vous vous trompez!

GUICHARD (*riant*).

Du tout, lisez vous-même,
Trois francs...

CASCARET.

Vraiment, c'est une horreur!

GUICHARD (*lisant*).

Je veux de cet argent qu'il achète un Barême.
Afin qu'il puisse aisément calculer
Ce que l'on gagne à spéculer,
Je lui souhaite de la chance,
Mais lui conseille la prudence.

BONDON (*riant*).

C'est fort plaisant, en vérité!
Cascaret est fort bien traité!

GUICHARD (*lisant*).

Je veux d'une autre part de mon dit héritage.
Donner aux malheureux de mon pauvre village,
Un asile pour leurs vieux jours;
Cependant que mon cher Prudhomme

PRUDHOMME.

Ce pauvre ami!

CALIMARD.

Lisez toujours!

GUICHARD (*lisant*).

Prenne avant tout, sur cette somme,
Cinq francs...

PRUDHOMME (*avec fureur*).
Cinq francs! monsieur, je ne les prendrai pas!
GUICHARD (*lisant*).
Pour donner des sabots et deux paires de bas
    A Benoît son malheureux frère,
    Dont il connait bien la misère,
    Et qu'il ne veut point secourir !
Qu'il sache bien que pour se montrer charitable
    Envers le pauvre, son semblable,
C'est trop peu de parler, il faut encore agir.
BONDON (*riant*).
Pauvre Prudhomme !
CALIMARD.
Il a ce qu'il mérite !
PRUDHOMME (*irrité*).
Votre tour va venir; écoutez donc la fin !
GUICHARD (*lisant*).
De la troisième part on donnera du pain
Aux ouvriers d'une bonne conduite
    Que frappera quelqu'accident
    Ou quelque grave maladie;
Mon cousin Calimard, qui se croit très savant,
Recevra trente sous, pour prendre une copie
    En forme et sur papier marqué,
    De mon susdit et présent codicille :
Il verra s'il peut être aisément attaqué !
Qu'il consulte avant tout un avocat habile !
    Qui connaitra toutes nos lois,
    Un peu mieux que lui, je le crois.
BONDON.
Enfoncé Calimard !
CALIMARD.
Un peu de patience;

Votre tour viendra, je le pense ;
D'ailleurs, comme il le dit, quand j'aurai consulté,
Je saurai si je puis être déshérité.

GUICHARD (*lisant*).

Reste une part et j'en dispose...

BONDON.

Peut-être en ma faveur !

GUICHARD (*lisant*).

Pour fonder à Paris...

BONDON (*à part*).

Pas plus qu'eux je n'ai rien !

GUICHARD (*lisant*).

Un grand prix,
Pour le meilleur écrit soit en vers, soit en prose,
Contre le jeu, contre les cabarets,
Contre l'ivresse et ses tristes effets ;

BONDON (*riant d'un air forcé*).

A mon tour je suis pris ; mais, poursuivez, notaire.

GUICHARD (*lisant*).

Pour mon neveu Bondon, je veux qu'un exemplaire
De chaque ouvrage couronné,
Tant qu'il vivra lui soit donné ;
Peut-être en le lisant il deviendra plus sage :
Il serait grand temps à son âge !

BONDON.

Grand merci, mon pauvre cousin !

GUICHARD (*lisant.*)

Ecrit, daté, signé, tout de ma propre main,
A Paris, l'an mil-huit cent trente,
Et le vingt-quatre juillet.

BONDON (*riant*).

Chacun de nous a son paquet !

CALIMARD.

Oui ; mais je n'aime point qu'ainsi l'on nous plaisante,
Et de ce pas je cours me consulter ?

CASCARET.

Je vous suis !

BONDON.

Au café venez-vous, gros Prudhomme.

PRUDHOMME.

Oui !

GUICHARD.

Mon pauvre Durand, tu meurs en honnête homme,
Mais de cette leçon nul ne sait profiter.

LE DÉSERTEUR.

PERSONNAGES.

Jean Dumond, vieillard infirme.
Antoine, son petit-fils, déserteur, en blouse.
Charlot, son petit-fils (10 ans).
Guillaume,   id.   (4 ans).
Thomas, fermier aisé, adjoint. (Costume de la campagne).
Durantais, gendarme.
Grandval, maire, 50 ans, (mise décente).
Jacques, passeur, 40 ans, bavard.
Etienne, laboureur, 30 ans.
Joseph, 8 ans, } fils du maréchal-des-logis
Georges, 6 ans.
Martin, maréchal-des-logis.
Poilvin, gendarme.
Chauminet, garde-champêtre.

LE DÉSERTEUR
OU L'AMOUR FILIAL.

Drame en deux actes.

ACTE I.

La cabane de Dumond.

SCÈNE I.

JEAN DUMOND, CHARLOT, GUILLAUME

GUILLAUME (*d'un ton plaintif*).

J'ai faim !

CHARLOT.

Pauvre Guillaume, tu as faim !

GUILLAUME.

Ah ! oui, mon frère, j'ai bien faim !

JEAN (*à part*).

Pauvres enfants ! ils n'ont rien mangé depuis hier... (*haut*) Hélas ! mes enfants, je n'ai rien à vous donner... Plût à Dieu que mon brave Antoine fut auprès de nous !

CHARLOT.

Ah ! grand-père, bien sûr, si mon frère Antoine, qui est à l'armée, était ici, nous ne souffririons pas de la faim.

JEAN.

Et je ne puis vous secourir; je suis trop vieux et trop infirme pour travailler.

CHARLOT.

Il est vrai, grand-père, et moi je suis trop jeune et trop petit pour gagner quelque chose ; car ce matin encore je suis allé trouver le fermier Thomas pour le prier de me donner de l'ouvrage, et il m'a répondu que, malgré ma bonne volonté, j'étais beaucoup trop faible pour lui être de quelque utilité... Mon frère est grand et fort, lui : il travaillerait et nous donnerait du pain... Pourquoi donc l'empereur, que l'on dit si bon, l'a-t-il pris pour en faire un soldat ? n'en avait-il pas assez d'autres sans lui?

JEAN.

Pourquoi, mon enfant; c'est la loi qui le veut ainsi : chaque citoyen à son tour doit huit années de sa vie à l'empereur, à sa patrie ; et puis, mon bon Charlot, quand on appela ton frère Antoine, votre père, mon pauvre François (Dieu veuille avoir son âme !) vivait encore et suffisait au soutien de la famille.

CHARLOT.

Mon pauvre père ! pourquoi l'avons-nous perdu?

JEAN.

Dieu l'a voulu, mon enfant!

CHARLOT.

Mais, grand-père, pendant ces huit années que mon frère doit rester loin de nous, qui vous nourrira donc? sera-ce le petit Guillaume, qui pleure à présent de la faim?

GUILLAUME (*pleurant.*)

Ah! oui, Charlot, j'ai grand'faim !

CHARLOT.

Pourrai-je le faire, moi, dont Thomas trouve les bras trop faibles?

JEAN.

Que veux-tu, mon pauvre Charlot, Dieu est le maître ; mettons en lui notre confiance ; il ne nous abandonnera pas.

CHARLOT.

Oui, grand-père, et cependant le bon Dieu, que vous m'avez appris à prier chaque matin, ne nous a-t-il pas oubliés quand il a fait mourir, en trois jours seulement, mon père et ma mère, sans qu'ils aient même pu embrasser leur fils parti pour l'armée.

JEAN.

Il nous a frappés, ne murmurons point contre sa providence ; soumettons-nous à sa volonté, et n'oublions pas qu'il a dit que pas un cheveu ne tomberait de la tête du plus petit d'entre nous, sans qu'il l'ait lui-même ordonné.

GUILLAUME (*pleurant*).

Du pain, frère Charlot, du pain !

CHARLOT.

Pauvre frère, je n'en ai point à te donner.

JEAN (*à part*),

O mon Dieu ! prends pitié de nous ! (*haut*) Charlot, tu es allé ce matin chez M. Thomas pour le prier de te donner du travail... (*il hésite*) eh bien ! mon fils... retournes-y... demande-lui.... du pain... dis-lui... dis-lui que le vieux Dumond...

CHARLOT.

Oui, grand-père, j'y cours. (*il sort*).

SCÈNE II.

JEAN, GUILLAUME.

JEAN.

Ah! ce qui augmente ma douleur, c'est de les voir souffrir sans pouvoir leur venir en aide! O mon Dieu! j'avais un fils, bon chrétien, laborieux, hélas! vous l'avez rappelé vers vous, et cependant n'était-il pas nécessaire à sa famille? ne l'était-il pas bien plus que moi, pauvre vieillard, infirme, à charge à tous ceux qui m'entourent? que votre volonté soit faite, Seigneur ; mais protégez ces malheureux orphelins, préservez-les de tout mal !

GUILLAUME.

Ah! pauvre grand-père, j'ai bien faim !

SCÈNE III.

LES MÊMES, CHARLOT. (*Il entre précipitamment avec un panier qu'il pose sur la table, en disant*) :

Voici du pain, mon pauvre Guillaume.
(*Guillaume se précipite vers la table.*)
JEAN (*ouvrant le panier et en retirant successivement du pain, de la viande et du vin.*

Quoi! le bon Thomas t'a donné tout cela! du pain... de la viande... du vin aussi... a-t-il donc été si généreux ? que Dieu le bénisse !

CHARLOT.

Mangez, grand-père, et toi aussi, Guillaume, et ne vous tourmentez plus. (*A part, pendant que Jean sert Guil-*

laume). Mais il faut que je m'échappe ; j'ai aperçu M. Thomas qui se dirigeait de ce côté ; il ne faut pas qu'il puisse le surprendre (*il sort sans être vu*).

SCÈNE IV.

JEAN, GUILLAUME.

JEAN (*sans s'apercevoir que Charlot est sorti*).

Mangez, mes pauvres enfants, et remerciez Dieu de ne pas vous avoir abandonnés (*il coupe du pain*). Tiens, Charlot (*il regarde autour de lui*). Eh quoi, il est sorti ! pourquoi donc ?

SCÈNE V.

LES MÊMES, THOMAS.

THOMAS.

Eh bien ! père Dumond, comment vous portez-vous ce soir ?

JEAN.

Merci, mon bon et généreux voisin.

THOMAS.

Avez-vous de bonnes nouvelles de votre brave fils Antoine ?

JEAN.

Non, monsieur Thomas, et j'en suis vraiment inquiet ; depuis trois semaines qu'il a dû apprendre la triste mort de ses parents, il ne nous a point écrit ; mais pardonnez-moi ; avant tout ne dois-je pas vous remercier ; je suis tout honteux d'avoir envoyé Charlot chez vous.

THOMAS.

Où est-il donc cet enfant ?

JEAN.

Il vient de sortir à l'instant même.

THOMAS.

J'espère, mon cher voisin, que vous ne m'en voudrez pas si j'ai refusé de l'employer à la ferme ; il est si jeune.

JEAN.

Ce n'est pas de cela que je voulais vous parler, monsieur Thomas ; c'est du secours que vous m'avez si généreusement envoyé. Qui m'eut dit qu'à mon âge je me verrais obligé de mendier ?

THOMAS.

Je ne puis vous comprendre, Dumond.

JEAN.

C'est que vous ne voulez point m'humilier, et je vous en remercie. Sans doute je ne pourrai jamais vous le rendre, mais Dieu lui-même vous en récompensera.

THOMAS.

Si je ne savais qu'à votre âge et après les malheurs de toute sorte qui vous ont si récemment frappé, vous ne pouvez être disposé à plaisanter, je croirais que vous voulez rire de moi. Que me parlez-vous d'envoi et de secours ?

JEAN.

Pour vous, je le sais, monsieur Thomas, ce n'était pas grand'chose, mais pour moi et mes pauvres enfants c'était la vie, oui, la vie ! car nous étions près de succomber à la faim !

THOMAS (*avec émotion, et le saisissant par la main*).

La faim, Jean, la faim, et je n'en ai rien su, et votre petit Charlot est venu me demander de l'ouvrage sans me dire que vous manquiez de pain !

JEAN.

Eh quoi ! monsieur Thomas, n'est-ce donc point vous qui lui avez donné, il y a moins d'une heure, du pain, de la viande et du vin ?

THOMAS.

Moi ! non certes, puisque j'ignorais que vous fussiez si malheureux.

JEAN.

O mon Dieu ! où donc cet enfant a-t-il été chercher tout ce qu'il m'a porté ? par pitié, monsieur Thomas, n'est-ce point vous qui m'avez si généreusement secouru ?

THOMAS.

Je vous en donne ma parole d'honnête homme, ce n'est point moi.

JEAN.

C'est donc pour cela qu'il a à peine pris le temps de poser ce panier sur la table et qu'il s'est enfui aussitôt ! moi qui attribuais cela à la honte qu'il éprouvait d'avoir, pour la première fois, tendu la main...

THOMAS.

Rassurez-vous, Jean, vos voisins sont tous charitables ; il a pu s'adresser à d'autres qu'à moi.

JEAN.

O mon Dieu ! m'appelez-vous à de nouvelles épreuves ? celle-ci serait trop forte ; la misère, la faim, tout, plutôt que le déshonneur ! *il pose le pain qu'il tenait à la main ; à Guillaume, qui mange avec avidité*) Guillaume, pose ce pain, mon enfant.

Théâtre. 4

GUILLAUME (*obéit en pleurant*).

Ah ! grand-père, il est pourtant si bon !

JEAN.

Ce pain ne nous appartient pas : c'est le fruit du vol.

THOMAS.

Vous avez tort, Jean, d'accuser votre petit-fils ; c'est un brave garçon, estimé de tous ceux qui le connaissent ; il se justifiera sans peine, car il est incapable de commettre une mauvaise action.

JEAN.

Dieu veuille, monsieur Thomas, que vous disiez la vérité, mais...

THOMAS.

Adieu, mon cher voisin, prenez courage et comptez sur moi. (*à part*) Comme lui, je ne puis comprendre la conduite de cet enfant ; mais il n'a point l'air d'un voleur. (*il sort*).

SCÈNE VI.

JEAN, GUILLAUME.

JEAN (*à Thomas qui sort*).

Que le ciel vous bénisse pour vos bonnes paroles !... mon Charlot serait-il coupable ?... aurait-il volé ?... je ne puis le croire, et cependant...

SCÈNE VII

LES PRÉCÉDENTS, CHARLOT.

CHARLOT (*à part*).

Tout va bien! (*haut*) Eh quoi! grand-père, vous ne mangez pas? ni toi non plus, Guillaume, toi qui avais si grand'faim?

GUILLAUME (*pleurant*).

Grand-père ne l'a pas voulu.

JEAN (*d'un ton sérieux*).

Charlot, mon fils, où avez-vous pris les provisions que vous nous avez portées ce soir?

CHARLOT (*à part*).

Thomas est venu. (*haut*) Bon grand-père, que vous importe où j'ai pris ces provisions? mangez et ne vous inquiétez plus.

JEAN.

Que je ne m'inquiète plus, malheureux enfant, lorsque tu refuses de me dire où tu prends ce que tu m'apportes?

CHARLOT.

Écoutez, cher grand-père, ne me le demandez pas, car je ne puis vous le dire.

JEAN.

Et moi je ne toucherai à rien que je ne sache qui te l'a donné.

CHARLOT (*à part*).

Diable, nous n'avions pas prévu cela!

JEAN.

Charlot, je t'ai élevé dans la crainte de Dieu et dans l'horreur du mal, parle, je t'en conjure.

SCÈNE VIII.

LES PRÉCÉDENTS, ANTOINE (*entr'ouvrant la porte sans se montrer*), à CHARLOT.

Parle !

CHARLOT.

Eh bien ! grand-père, celui qui me l'a donné l'a gagné ; c'est...

JEAN (*avec force*).

Ne me dis pas que c'est ton frère ! (*A Antoine, qui entre et se jette dans ses bras*), malheureux enfant !

ANTOINE.

Silence, parlez bas, ou je suis perdu !

JEAN.

Tu as donc déserté ?

ANTOINE.

Oui.

JEAN.

Et tu sais la peine que l'on inflige aux déserteurs ?

ANTOINE.

Oui.

JEAN (*d'un ton sombre*).

C'est la mort !

ANTOINE.

Pas toujours, cher grand-père, et puis mon absence n'était-ce pas la mort pour vous tous ?

JEAN.

Oui, c'était la mort, mais c'était celle que Dieu envoie à son heure, et non pas celle que la justice inflige comme un châtiment.

ANTOINE.

Pardonnez-moi, grand-père, si j'ai mal fait ; mais quand j'ai appris la mort de mes pauvres parents, quand j'ai compris que je ne pouvais obtenir mon congé, quand j'ai songé à vous tous, à votre douleur, à votre triste situation, je vous ai vus manquant de pain, implorant la pitié !... oh! à cette pensée, je n'ai plus été maître de moi, et je suis parti sans songer que je commettais un crime. Plus tard j'ai voulu, c'était sans doute mon devoir, revenir sur mes pas ; mais une voix me criait que vous étiez dans le malheur, et je n'ai pas eu la force de retourner ; me voici, pardonnez-moi et ne me maudissez pas.

JEAN.

Te maudire! pourrais-je te maudire, mon fils, quand je ne me sens pas la force de te gronder ?... Hélas! en ce moment je ne puis même songer à la joie de te revoir !... ton danger seul occupe mon esprit... l'on est déjà à ta poursuite... si l'on te trouve ici, si l'on t'arrache de mes bras pour te conduire au supplice... oh! j'en mourrai.

ANTOINE.

Pauvre grand-père, ne craignez rien, j'ai pris mes précautions.

JEAN.

N'espère pas me tranquilliser ; que vas-tu faire?

ANTOINE.

Vous savez que je suis habile pêcheur, eh bien! j'apprendrai mon métier à Charlot, et puis je rejoindrai mon régiment (*à Charlot*). Frère, fais le tour de la cabane pour voir si nous sommes en sûreté. (*Charlot sort*)

SCÈNE IX.

JEAN, ANTOINE, GUILLAUME (*ce dernier, après avoir mangé, s'endort pendant le cours de cette scène.*)

JEAN.

Et tu subiras la peine des déserteurs?

ANTOINE.

Dieu sans doute aura pitié de nous tous; mais, adieu, mon père.

JEAN.

Où vas-tu?

ANTOINE.

Je ne puis rester plus longtemps; les gendarmes viendront peut-être faire une perquisition dès ce soir; mais Charlot seul saura où je suis, et vous pourrez sans crainte affirmer que vous ignorez ma retraite.

SCÈNE X.

LES PRÉCÉDENTS, CHARLOT.

CHARLOT.

Frère, la campagne est déserte; mais il m'a semblé entendre le bruit des chevaux; éloigne-toi; je resterai avec le grand-père.

ANTOINE.

Adieu à tous. (*Il embrasse son grand-père et sort.*)

SCÈNE XI.

JEAN, CHARLOT, GUILLAUME, (*endormi*).

JEAN.
Pauvre enfant, si on l'arrêtait !...
CHARLOT.
Ne craignez rien.
JEAN.
Dieu le protégera sans doute, car s'il est coupable, c'est par amour pour sa famille... (*on frappe*). Dieu ! qui vient là... si c'était... (*on frappe de nouveau*).
CHARLOT, (*à voix basse*).
Ne craignez rien ! (*haut*) entrez !

SCÈNE XII.

LES PRÉCÉDENTS, DURANTAIS.

DURANTAIS (*à Jean*).
Excusez, si cela vous dérange, respectable vieillard, mais j'ai l'ordre de faire une perquisition chez vous.
JEAN, (*d'une voix émue*).
Faites votre devoir, monsieur.
DURANTAIS. (*s'asseyant*.
Ce sont là vos deux enfants, M. Dumond.
JEAN.
Mes petits enfants seulement ; ils sont orphelins.
DURANTAIS.
On m'a dit que vous en aviez un troisième à l'armée.
JEAN. (*avec un peu de trouble*)
Il est vrai, monsieur.

CHARLOT.

Ah ! mon bon monsieur, n'en parlez pas, s'il vous plaît, à mon grand père ! depuis qu'il est parti, cela le rend tout chose.

DURANTAIS.

En avez-vous des nouvelles ?

CHARLOT, (vivement).

Et comment nous en enverrait-il ? Il ne sait pas écrire ; et puis nous n'en sommes pas inquiets, il n'est jamais malade.

DURANTAIS.

Mais vous savez où il est ?

CHARLOT.

Et à l'armée, donc ! où voulez-vous qu'il soit ?

—

SCÈNE XIII.

LES PRÉCÉDENTS, THOMAS, (portant un pain et du vin).

THOMAS.

Bonsoir, Jean ; j'ai l'honneur de vous saluer. M. Durantais. Qui cherchez-vous donc si tard ?

DURANTAIS

Monsieur l'adjoint, c'est un déserteur du 67me qui s'est enfui il y a huit jours de son régiment.

THOMAS, (à part).

Je commence à comprendre, (haut, riant), et c'est chez le vieux Dumond que vous le cherchez !.... à moins qu'il ne soit venu pour leur donner des nouvelles de son petit-fils !... dans ce cas, Monsieur, vous comprenez qu'il ne vous dirait pas s'il l'a vu... Pauvre Dumond, il a perdu son fils et sa belle-fille depuis un mois seulement, et l'État lui garde son petit-fils !... qui nourrira maintenant cette pauvre famille ?... Depuis deux jours, n'est-ce pas une pitié, il n'ont rien à manger !

DURANTAIS, (à part).

Pauvre gens ! (haut) Eh bien ! M. l'adjoint, je me retire

CHARLOT, (les suivant).

Où allez-vous, Monsieur.

DURANTAIS.

Mon garçon, je voudrais traverser la rivière.

CHARLOT.

Eh bien ! je vais, si vous le voulez, appeler Jacques le passeur.

DURANTAIS.

Tu me feras plaisir, mon garçon.

CHARLOT.

Ah ! ah ! il est heureux, Jacques, sur son bateau ; il voit beaucoup de monde, des voyageurs de tous les pays !

DURANTAIS.

Ah ! certes, oui, il est heureu..! (à part) on pourrait faire causer cet enfant.

CHARLOT.

Il y a trois jours seulement il a passé dans sa barque un jeune homme aux cheveux courts vêtu d'une blouse neuve.

DURANTAIS, (à part).

Diable ! si c'était notre déserteur ! (haut) où allait-il, mon enfant ?

CHARLOT.

Jacques m'a dit qu'il se rendait à Paris

4..

DURANTAIS, (*à part*).

C'est lui, car l'on s'y peut cacher aisément. (*haut*) Viens avec moi jusqu'à la rivière.

CHARLOT.

Volontiers, Monsieur le gendarme! à bientôt grand'père! (*ils sortent*).

(*La toile tombe*).

ACTE II.

La scène est dans une salle de la mairie.

SCÈNE Ire.

GRANDVAL, (*seul*).

En vérité la loi devant laquelle nous devons tous nous incliner, administrateurs et administrés, est parfois sévère, cruelle même dans ses applications !... On poursuit, comme déserteur, Antoine, le petit-fils de ce pauvre Dumond, qui est le plus honnête homme de la commune, et bien certainement le plus à plaindre... Et en effet, c'est au moment où Antoine venait d'être appelé sous les drapeaux, que la mort en trois jours seulement, a frappé son fils et sa belle-fille, laissant à la charge d'un vieillard infirme, deux enfants dont le plus âgé a à peine dix ans... Pour comble de malheur, le jeune soldat, désespéré de ne pouvoir obtenir de son colonel un congé si nécessaire à sa triste famille a quitté son régiment ; il est, dit-on, dans le pays, depuis plusieurs jours, nourrissant en secret son grand-père et ses deux petits frères... Sans doute il ne peut bien longtemps se dérober aux recherches ; il sera pris, comdamné peut-être..., et cependant est-ce un crime que d'aimer ses parents ? Que deviendront-ils ? — Fasse le ciel que je ne sois pas moi-même appelé à le faire arrêter !... Et certes je ne reculerais pas devant mon devoir ; mais je souhaite bien vivement qu'il échappe, du moins jusqu'à ce que la supplique que j'ai adressé à sa majesté l'empereur ait reçu une réponse... j'espère qu'elle sera favorable. L'empereur aura pitié de cette pauvre famille, et lui rendra son unique soutien. Peut-être faudra-t-il qu'il subisse un jugement, qu'il passe devant un conseil de guerre, pour obéir à la loi, cruelle nécessité ! mais il y trouvera de l'indulgence, j'en suis certain... Et cependant, quand je songe que le pauvre garçon eut été libéré de droit, si la loi que l'on présente à la chambre avait été votée deux mois plus tôt... Ah ! voici le père Thomas, mon adjoint ; excellent homme, plein d'obligeance et de charité pour les pauvres,.. Je sais que je puis compter sur lui, dans cette occasion surtout, car c'est un ami dévoué de la famille Dumond.

—

SCÈNE II.

GRANDVAL, THOMAS.

GRANDVAL.

Bonjour, Thomas.

THOMAS.

Bonjour, Monsieur le maire.

GRANDVAL.

Je suis bien aise de vous voir... comment va le pauvre Jean et ses enfants? A-t-on des nouvelles d'Antoine? où en sont les recherches de la gendarmerie?

THOMAS.

Vous me faites honneur, M. le maire; je ne pense pas que l'on soit sur ses traces, si du moins il est dans les environs.

GRANDVAL.

Je crains qu'il en soit ainsi, Thomas, et, tout maire que je suis, j'ai bien peur que l'on ne tarde guère à découvrir sa retraite.

THOMAS.

Je ne sais, M. le maire; depuis quinze jours qu'ils le croient arrivé ils ont fait bien des pas, sans être bien avancés.

GRANDVAL.

Vous voyez souvent votre voisin?

THOMAS.

Pardonnez-moi, Monsieur; je n'ai pu m'en défendre, et je l'ai visité presques tous les jours.

GRANDVAL.

Je suis loin de vous blâmer, Thomas, vous êtes un brave homme, et je n'en doute pas, c'est grâce à vos secours que ces pauvres gens n'ont point souffert, comme ils devaient s'y attendre dans leur triste situation.

THOMAS.

Ah! Monsieur Grandval, je sais bien que je ne **suis**

pas le seul à secourir les malheureux, et qu'ils sont toujours bien accueillis dans votre maison.

GRANDVAL.

Chut ! mon ami, c'est notre devoir.

THOMAS.

Je le sais, M. Grandval ; et j'ai toujours regardé les pauvres, comme des amis, les Dumond surtout ; ils sont si tristes que j'en suis moi-même tourmenté ; le vieux Jean vous ferait peine à voir... Le petit Charlot est le seul à montrer du courage ; et si Antoine est dans le pays, ce que je suis disposé à croire, je ne doute pas que cet enfant n'ait contribué jusqu'ici à dérouter toutes les recherches... Du reste je suis bien sûr qu'il n'y a pas dans la commune une seule personne assez cruelle pour dénoncer ce pauvre déserteur déjà si à plaindre.

GRANDVAL.

Je n'ai pas besoin de vous dire, Thomas, que je partage vos généreux sentiments ; mais nous sommes l'un et l'autre dans la triste nécessité de faire exécuter la loi, et non-seulement nous ne pouvons entraver les recherches de la gendarmerie, mais nous devrions même les seconder.

THOMAS.

Faites excuse, Monsieur le maire, s'il s'agissait d'un voleur ou d'un assassin, je n'hésiterais pas ; mais quant au pauvre Antoine, je n'aurais point ce courage ; plutôt remettre mon écharpe entre vos mains !

GRANDVAL.

En vérité, mon cher ami, je ne saurais vous blâmer ; espérons que nous ne serons pas obligés d'en venir là... Vous savez que j'ai adressé une supplique à l'empereur.

THOMAS.

Oui, M. le maire ; et c'était bien digne de votre bon

cœur d'avoir pitié de ces pauvres gens ; je ne doute pas d'une réponse favorable...; et n'est-ce pas en effet une injustice que ce malheureux Antoine, qui aurait été exempté comme frère aîné d'orphelins, si ses parents étaient morts deux mois plus tôt, soit obligé de servir sept ans, parce que le bon Dieu ne les a frappés que depuis son départ.

GRANDVAL.

Vous avez raison, Thomas ; ce qui me donne bon espoir d'ailleurs dans le succès de ma démarche, c'est qu'en ce moment même on discute une nouvelle loi sur le service militaire, et qu'elle porte un article qui sauvera sans doute plus d'une famille du désespoir et de la misère. Vous la connaissez, je suppose.

THOMAS.

Excusez-moi, M. le maire : je ne suis qu'un laboureur, et ne lis que fort rarement un journal.

GRANDVAL.

Eh bien ! sachez qu'à l'avenir, les exemptions légales profiteront aux militaires aussi bien après qu'avant leur appel sous les drapeaux.

THOMAS.

Ah ! M. le maire, pourquoi cette loi si généreuse n'a-t-elle pas été faite plus tôt ; le pauvre Antoine aurait été rendu à sa famille, et nous n'aurions pas à nous préoccuper du triste sort qui l'attend, si...

GRANDVAL.

La loi est la loi, Thomas ; il faut s'y soumettre ; mais qui vient là ?

SCÈNE III.
LES PRÉCÉDENTS, JACQUES.

THOMAS.

C'est Jacques le passeur.

GRANDVAL.

Il a l'air porteur de mauvaise nouvelle... Qu'y a-t-il, Jacques ?

JACQUES.

Ah ! M. le maire, quel malheur ! quel affreux malheur !

GRANDVAL.

Que voulez-vous dire ? parlez, au nom du ciel !

THOMAS, (*à part*).

Le pauvre Antoine serait-il arrêté ?

JACQUES.

Ah ! Messieurs, quel accident !

GRANDVAL.

Mais parlez donc !

JACQUES.

Ah ! M. le maire, ah ! Monsieur Thomas !

GRANDVAL ET THOMAS.

Eh bien !

JACQUES.

Eh bien ! sachez que tout à ce moment, comme qui dirait, aux environs d'un quart d'heure, peut-être plus, peut-être moins, pour ne pas vous tromper, je venais de passer les gendarmes de ce côté de la rivière, même qu'ils sont toujours à me questionner sur Antoine, le déserteur, comme ils l'appellent, le fils du père Jean, vous savez M. Thomas, votre voisin.

GRANDVAL, (*à part*).

Quel bavard !

JACQUES.

Et que s'il n'y a que moi pour lui répondre ; mais suffit faites excuse, M. le maire...

GRANDVAL.

Continuez, Jacques.

JACQUES.

Pour vous obéir, M. le maire ; voici donc que nous avons aperçu un bateau qui s'en allait en dérive du côté des moulins de la Bastie, et, juste comme qui dirait, dans la direction du grand tourbillon...

GRANDVAL, (à part).

Il n'en finira pas !

JACQUES.

Là ousque se noya tantôt trois ans le pauvre fermier des Aulnaies et son cheval, même que...

THOMAS.

Ne sois donc pas si long, Jacques ; nous savons tous cela.

GRANDVAL.

Apprends-nous au plus tôt la nouvelle qui te cause tant d'émotion ; qui donc montait cette barque ?

JACQUES.

Excusez-moi, M. le maire, mais pour bien finir, il faut bien commencer : donc, comme je vous disais, à ce moment ousque j'avais passé les gendarmes...

GRANDVAL, (à part).

Il recommence !

JACQUES.

Qui sont à la recherche de Jean, votre voisin, M. Thomas...

THOMAS.

Eh ! morbleu, avance donc !

JACQUES.

Voilà donc qu'a passé devant nous un petit bateau qui allait, sauf votre respect, tant plus vite qu'une truite qui plonge...

GRANDVAL, (*impatient*).

Vous l'avez déjà dit, Jacques, droit vers le tourbillon...

JACQUES.

Oui, M. le maire ; et donc ce bateau était celui, à ce que j'ai cru, du père Lambert, le meunier du Laurenzais, vu qu'il a les bords peints en bleu.

GRANDVAL, (*à part*).

C'est à perdre toute patience !

JACQUES.

Et donc dans ce bateau il y avait deux petiots tout petiots qui criaient, dont auquel M. le maire, le plus âgé était droit au milieu et appelait au secours ; tant qu'à l'autre, il était couché au fond, que c'était une pitié.

THOMAS.

Les pauvres enfants !

GRANDVAL.

Et n'avez-vous rien fait, Jacques, pour les secourir.

JACQUES.

Faites excuse, M. le maire, je n'ai rien pu faire : les gendarmes Poilvin et Durantais n'ont fait ni une ni deux, ils ont sauté dans mon petit bateau de pêche, et sont allés voir, les braves gens, s'il était possible de les arracher à la mort. Tant qu'à moi, mon bateau était trop petit pour trois, je suis venu tout courant vous conter ce malheur.

GRANDVAL.

Et vous ne savez rien davantage.

JACQUES.

Ah! monsieur le maire, bien sûr qu'ils ont péris, et encore que personne autre n'y soit resté avec eux.

GRANDVAL.

Croyez-vous, Jacques?

JACQUES.

Le tourbillon ne rend point sa proie, M. le maire, et au moment ousque j'ai quitté les gendarmes, j'ai aperçu de l'autre côté de la rivière, vous savez, dans les prés Gibaux, un homme que je n'ai pu reconnaître, et qui s'est jeté tout habillé dans l'eau.

GRANDVAL.

Courons, père Thomas!

THOMAS.

Quel malheur! mon Dieu! quel malheur!
(*On entend des cris de joie au-dehors :* ils sont sauvés! M. le Maire, ils sont sauvés!

GRANDVAL.

Voici des nouvelles!

—

SCÈNE IV.

LES MÊMES, ETIENNE, JOSEPH, GEORGES, *ces deux derniers conduits par* ETIENNE, PAYSANS.

ETIENNE.

Ils sont sauvés, M. le maire.

GRANDVAL.

Dieu soit loué!

THOMAS.

Ce sont les deux enfants du maréchal-des-logis.

GRANDVAL.

Jacques, courez prévenir leur père.

JACQUES.

Oui. M. le maire! (*Il sort*).

—

SCÈNE V.

LES MÊMES, *moins* JACQUES.

GRANDVAL.

Malheureux enfants, voyez où vous a conduits votre imprudence ; elle pouvait vous coûter la vie et plonger vos parents dans le désespoir.

GEORGES, (*pleurant*).

Monsieur, c'est la faute de Joseph.

JOSEPH.

Ah ! monsieur, que j'ai eu peur !

GRANDVAL.

Comment cela vous est-il arrivé !

JOSEPH.

Monsieur, nous étions montés dans le petit bateau du meunier...

GEORGES, (*l'interrompant*).

Je te le disais bien, mon frère, qu'il nous arriverait malheur.

JOSEPH.

Pour nous amuser... la corde a cassé...

GEORGES. (*de même*).

C'est toi qui secouais le bateau !

JOSEPH.

Il s'est détaché, et nous n'avons pu en sortir, ni l'arrêter

GEORGES.

C'est bien ta faute.

GRANDVAL.

Mais, dites-moi mes enfants, qui vous a tirés de l'eau ?

JOSEPH.

Quand le bateau s'est enfoncé...

GEORGES

Nous sommes tombés dans l'eau, et puis...

JOSEPH.

Et puis je n'ai rien vu.

GEORGES.

Et puis j'étais couché sur l'herbe dans le pré.

JOSEPH.

Et puis Etienne nous a amenés.

ETIENNE.

M. le maire, sous votre respect, je puis vous raconter comment tout cela s'est passé.

GRANDVAL.

Eh bien ! Etienne, parle.

THOMAS.

Parle et n'oublie rien.

ETIENNE.

Voilà donc, M. le maire, que j'étais à travailler dans ma terre de Gibaux, ousqu'il y avait de l'avène l'année dernière, et ous que je veux, sauf votre respect, semer de la seigle.

GRANDVAL, (*à part*).

Il est aussi bavard que Jacques.

THOMAS.

Abrége donc, Etienne, marche droit au fait, et cesse de fatiguer M. le maire avec toutes tes histoires.

ETIENNE.

Faites excuse, M. Thomas, je ne suis pas éduqué comme vous : laissez-moi conter à ma manière.

GRANDVAL.

Eh bien, parle, mon ami, nous t'écoutons.

ETIENNE.

Voilà donc que tout comme je tournais mes bœufs, pour remonter dans le sillon le long de la rivière, j'ai vu venir d'en haut, comme qui dirait, un petit bateau, qui de loin, comme qui dirait, ne semblait pas plus grand qu'un canard... Ah ! mais il allait, il allait, comme qui dirait, aussi vite qu'un oiseau... Oh ! oh ! que je me dis, voilà un bateau qui semble pressé, et qui s'en va tout droit au tourbillon... gare à ceux qui sont dedans ! Ah ! Monsieur le maire, quand il a passé devant moi, et que j'ai vu dedans ces deux petiots, j'ai laissé là mes bêtes, et j'ai couru vers le bord... Juste au moment où j'arrivai, le bateau s'est tourné sans dessus dessous... je les croyais perdus tous les deux, et j'allais me jeter dans l'eau, quoique je ne sache pas nager, lorsque j'ai vu...

GRANDVAL.

Qui donc as-tu vu ?

ETIENNE (*un peu embarrassé*).

Un pêcheur, un homme qui s'est précipité dans le gouffre, sous votre respect comme un chien, par deux fois, et en a retiré les deux petits... ils avaient bu un bon coup, sous votre respect, Monsieur le maire : mais tant que tant je les ai fait revenir et...

GRANDVAL.

Mais quel est donc le pêcheur qui les a sauvés ?

ETIENNE, (*embarrassé*).

Sous votre respect, Monsieur le maire, je ne saurais vous le dire... tant y a que quoi qu'on dise, c'est un brave garçon.

GRANDVAL.

Nous n'en doutons pas ; mais est-ce un étranger ?

ETIENNE.

Monsieur le maire, faites excuse, il est parti aussitôt, et je... je...

GRANDVAL, (*à part*).

Il ne dit pas toute la vérité : c'est peut-être ce malheureux Antoine. (*haut*). Eh bien ! tu n'as pu le reconnaître ?

ETIENNE.

Après ça, Monsieur le maire, quand il a été parti, et que les petiots du maréchal-des-logis ont repris connaissance, que j'y ai travaillé un bon bout de temps, les gendarmes sont arrivés ; ils m'ont dit de ramener les enfants ; tant qu'à eux, qu'il m'a dit, Poilvin, un brave homme aussi celui-là, ils voulaient savoir quel était celui qui les avait arrachés à la mort. et ils l'ont suivi ; mais pet'êt ben qu'il réussira à leur échapper.

SCÈNE VI.

LES PRÉCÉDENTS, MARTIN, JACQUES.

MARTIN, (*accourant*).

Où sont-ils mes enfants, mes pauvres enfants ?

GRANDVAL.

Les voici tous les deux sains et saufs, commandant. *Joseph et Georges se jettent dans les bras de leur père).*

MARTIN.

Mes enfants, Dieu vous a donc conservés à votre pauvre mère !

JOSEPH.

Vois-tu, papa, nous sommes tombés dans la rivière...

GEORGES.

Et l'on nous a sauvés.

MARTIN.

Combien vous avez été imprudents !

GEORGES.

Ce n'est pas moi, mon papa, c'est la faute de mon frère ; il disait comme ça qu'il fallait nous amuser.

MARTIN.

Votre désobéissance a failli vous coûter la vie, ne l'oubliez point, mes enfants... mais pardon, M. le maire, où donc est l'homme généreux qui les a sauvés.

GRANDVAL

Jusqu'à présent nous ignorons son nom ; sans doute il a voulu se dérober à votre reconnaissance et à nos félicitations.

MARTIN.

Qu'il soit béni pour son courage ! que Dieu le récompense de son dévouement !

SCÈNE VII.

LES PRÉCÉDENTS, POILVIN.

POILVIN.

Bonjour, M. le maire. Commandant. Durantais, mon camarade et moi, venons (*à part*) au diable soit la commission !... (*haut*) d'arrêter Antoine Dumond, le déserteur que nous poursuivons depuis si longtemps...

MARTIN.

Enfin, c'est fort heureux, Poilvin.

POILVIN, (*à part*).

Il changera de langage tout-à-l'heure, le commandant.

MARTIN.

Mais où donc l'avez-vous trouvé ?

POILVIN.

Commandant, voici : désireux de savoir quel était l'homme qui avait eu le bonheur de sauver vos deux enfants, nous l'avons suivi au pas de course, et n'avons eu que fort peu de peine à l'atteindre, vu qu'il était tout mouillé, et qu'il ne marchait qu'avec difficulté, s'étant, paraît-il, blessé en sortant de la rivière.

MARTIN.

Où est-il donc cet homme, et qu'a-t-il de commun avec Antoine Dumond, le déserteur.

POILVIN.

Je l'ai laissé sous la garde de Durantais ; j'ai pris les devants et les voici !

SCÈNE VIII.

LES MÊMES, DURANTAIS, ANTOINE.

MARTIN.

Ciel ! Antoine Dumond !

GRANDVAL.

Le sauveur de vos enfants !

JOSEPH ET GEORGES.

Celui qui nous a tirés de la rivière, je le reconnais !

THOMAS.

Malheureux Antoine !

GRANDVAL.

C'est donc toi, pauvre Antoine.

ANTOINE.

Hélas ! oui, M. le maire, c'est moi !

GRANDVAL.

Ta conduite est sous tous les rapports digne d'éloges, mon brave Dumond (*il lui serre la main*); mais la loi, si sévère qu'elle paraisse, à mes yeux surtout, m'impose un devoir, en vérité, bien cruel !

THOMAS, (*à part*).

Au diable la mairie !

POILVIN (*à part à Durantais*).

Pauvre M. Grandval !

DURANTAIS (*de même*).

Pauvre commandant !

ANTOINE.

Je le sais, monsieur le maire, je suis déserteur, votre devoir est de me faire arrêter ; je m'y attendais, et je ne

Théâtre.

regrette point ce que j'ai fait; c'était pour donner du pain à mon vieux grand-père... à mes frères... Je subirai donc avec courage le châtiment qui m'est réservé.

GRANDVAL.

J'espère que non, mon ami ; j'ai déjà adressé une supplique à l'empereur ; mais j'irai moi-même à Paris, je le verrai, il connaîtra la noble cause qui t'a poussé à quitter ton régiment ; il apprendra ton généreux dévouement... oui, ta grâce est certaine!...

MARTIN.

Je vous suivrai, M. le maire ; j'irai, moi aussi, implorer la grâce du sauveur de mes enfants... je parlerai de mes longs services... (*il pleure*).

ANTOINE.

Merci de vos bonnes paroles, M. le maire : je sais que vous ferez votre possible pour me conserver à ma famille... Commandant, je suis heureux d'avoir pu vous être utile en arrachant vos enfants à la mort...

GRANDVAL.

Jusque-là sois tranquille sur le sort de ton grand-père et de tes frères.

MARTIN.

Nous serons là pour veiller à ce qu'ils ne manquent de rien.

ANTOINE.

J'en suis sûr, et c'est une grande consolation pour moi... et maintenant (*il se tourne du côté des gendarmes*), messieurs, je suis prêt à vous suivre.

THOMAS.

Adieu, mon brave Antoine !

ANTOINE.

Adieu à tous, mes amis.

SCÈNE IX.

LES PRÉCÉDENTS, JEAN, CHARLOT, GUILLAUME.

JEAN.

Mon fils, mon cher fils, mon pauvre Antoine, où est-il? est-il vrai qu'on l'arrête; est-il vrai que...

CHARLOT.

Mon pauvre frère!

ANTOINE.

Ah! voilà ce que je craignais...

GRANDVAL.

Soyez sans inquiétude, Dumond; votre fils n'est point arrêté; il vous reviendra dans quelques jours, je vous le promets.

JEAN.

Ah! monsieur le maire, vous êtes bon; mais vous ne sauriez me tromper; je ne le reverrai plus!

ANTOINE.

Rassurez-vous, cher grand-père; M. Grandval s'adressera à l'empereur; il obtiendra ma grâce... Il est bon!

THOMAS (*à part.*)

Cela me déchire le cœur.

ANTOINE (*à Charlot*).

Emmène le grand-père... (*à Martin*) Commandant, je vous en supplie, partons!

MARTIN.

Ah! je n'ai pas le courage d'accomplir mon devoir!... (*avec effort*) Gendarmes, emmenez... le... sauveur de mes enfants.

SCÈNE X.

LES PRÉCÉDENTS, CHAUMINET.

CHAUMINET.

Monsieur le maire, je vous porte un paquet, qui, à ce qu'il paraît, est très pressé, vu qu'on a envoyé un estafette de la préfecture.

GRANDVAL (*à part*).

Dieu ! si c'était la réponse que j'attends ! (*à Chauminet*). Donne. (*Il prend le paquet et l'ouvre au milieu du silence, puis il le lit à voix basse. Avec force*) :

Mes amis, c'est la grâce entière d'Antoine Dumond ; il est rendu à sa famille.

Vive l'empereur !

TOUS.

Vive l'empereur !

LES
TROIS CORBEAUX.

PERSONNAGES.

Cinglant, instituteur.
Legros, laboureur, ignorant.
Sibilet, tailleur, pédant, demi savant.
Grassot, laboureur, simple.
Champin, maçon,   id.
Richard, fermier,   id.

LES TROIS CORBEAUX

Comédie en 1 acte.

La scène est à la campagne.

SCÈNE Ire.

SIBILET, LEGROS.

SIBILET.
Trois corbeaux, dites-vous ?

LEGROS.
               Le fait est véritable,
Grassot me l'a dit ce matin.

SIBILET.
    Trois corbeaux !

LEGROS.
           C'est épouvantable !

SIBILET (*d'un ton important*).
Ah ! c'est un signe bien certain
De quelque affreux malheur qui menace la terre,
    Et dont le ciel voulait nous avertir !

LEGROS.
Ah ! monsieur Sibilet, vous me faites frémir !

SIBILET.

Soyez-en sûr, dans sa colère,
Dieu nous appelle au jugement dernier !

LEGROS (*effrayé et tremblant*).

Sibilet, arrêtez, vous allez m'effrayer !

SIBILET.

Point du tout, cher Legros, nous lisons dans l'histoire
Des Romains d'autrefois,

LEGROS (*à part*).

Dieu ! qu'il a de mémoire !

SIBILET.

Qu'avant un grand combat qu'ils livraient aux serpents,

LEGROS.

Aux serpents !

SIBILET.

Ce nom vous étonne ?
C'est un peuple de l'ancien temps,
Qui vivait près de Babylone ;
Ils virent trois corbeaux... vous êtes ignorant.

LEGROS.

Ah ! je n'ai point appris à lire,
Et n'ai point honte de le dire,
Comme vous ou monsieur Cinglant
L'instituteur... mais le voici qui passe
Justement au bout de la place.

SIBILET.

Il vient vers nous... nous pouvons lui conter...

LEGROS.

Ah ! cela va l'épouvanter !

SIBILET.

Cette histoire : il verra ce que cela présage,
Une guerre, une mort, une peste, un naufrage !

SCÈNE II.

LES MÊMES, CINGLANT.

CINGLANT.

Bonjour, monsieur Legros ; serviteur, Sibilet :
Mais qu'avez-vous ? quel important sujet
Vous préoccupe l'un et l'autre ?

LEGROS.

Monsieur, nous sommes tous perdus !

SIBILET.

Il est trop vrai, monsieur, oui, les temps sont venus,
Annoncés par le grand apôtre,
D'un cataclysme universel,
Que nous a réservé le ciel !

CINGLANT (*à part*).

Tous deux sont fous, sur ma parole !
(*Haut*) Mes bons amis, expliquez-moi
Ce qui vous cause tant d'effroi :
Je suis pressé de rentrer à l'école.

LEGROS.

Eh bien ! monsieur Cinglant, je vais tout vous conter ..

SIBILET.

Vous verrez si c'est bien l'heure de plaisanter !
Parlez, monsieur Legros !

CINGLANT.

Legros, je vous écoute !

LEGROS.

Cher monsieur, vous savez sans doute
Que la femme à Mouillard, notre pauvre voisin,
Est très malade.

5.

CINGLANT.

On m'a dit ce matin
Qu'elle allait beaucoup mieux.

LEGROS.

Hélas ! la pauvre femme !
Dieu veuille au ciel placer son âme.

CINGLANT.

Mon ami, soyez court, et marchez droit au fait.

SIBILET.

Parlez, pauvre Legros !

LEGROS.

Vous serez satisfait,
Je vais vous dévoiler un miracle effroyable....

SIBILET.

Ah ! vous allez trembler !

LEGROS.

Affreux, épouvantable,
Que l'on n'avait plus vu dans ce vaste univers !

CINGLANT (à part).

Legros a l'esprit à l'envers !

LEGROS.

Eh bien ! monsieur Cinglant, la pauvre Virginie
A, sous le respect que je dois
A vous, monsieur, et à la compagnie,
Vomi trois corbeaux à la fois !

CINGLANT. (avec étonnement.

Trois corbeaux !

LEGROS, (d'un ton affirmatif).

Trois corbeaux !

SIBILET.

La chose est bien certaine.

LEGROS.

Vous voyez bien, monsieur, que nous sommes perdus !

CINGLANT.

Ces corbeaux, vous les avez vus?

LEGROS.

Non, mais Grassot m'a dit...

CINGLANT, (*à part*).

Il faut que j'intervienne,
Si non, ces deux grands fous vont semer la terreur,
D'un bout à l'autre du village.

SIBILET.

Eh bien ! qu'en pensez-vous, monsieur l'instituteur,
N'est-ce point un mauvais présage ?

CINGLANT.

Ecoutez-moi, votre Grassot
Est un mauvais plaisant ou plutôt un grand sot.

LEGROS.

Ah ! monsieur, cependant le fait est véritable !

CINGLANT.

Nous allons bientôt le savoir :
Allez me le chercher; je veux vous faire voir,
Qu'il vous a conté quelque fable.

LEGROS.

J'y vais, monsieur, j'y vais; vous serez convaincu, (*Il sort*).

SCÈNE III.

CINGLANT, SIBILET.

CINGLANT.

Oui, oui, je le croirai dès que je l'aurai vu.
Et encore!... écoutez, cher monsieur Sibilet,
  Ce n'est pas bien, je vous le dit tout net,
    De vous rire de la sottise,
De ce pauvre Legros ; car vous êtes instruit,
Et de votre savoir qui vous popularise,
    Vous auriez dû retirer plus de fruit.

SIBILET.

Oh! monsieur! Ah! monsieur! mais si ce qu'on raconte
Etait vrai cependant !

CINGLANT.

        N'avez-vous point de honte !
Un homme comme vous! vous devriez rougir,
(à part). Il faut que je le flatte (haut) Eh bien, voici venir
    Votre Grassot, je m'imagine,
    A juger du moins sur la mine,
    Qu'il a moins d'esprit qu'il n'est gros.

SCÈNE IV.

LES MÊMES, LEGROS, GRASSOT.

CINGLANT.

Eh bien! monsieur, contez-nous cette histoire
    Dont nous parlait monsieur Legros ?

LEGROS.

Celle des trois corbeaux !

GRASSOT.
J'ai fort peu de mémoire.
Mais, sauf votre respect, je n'avais dit que deux.
LEGROS.
Deux ou trois, c'est tout un, et c'est vraiment affreux !
CINGLANT.
Mais vous les avez vus ?
GRASSOT.
Monsieur, faites excuse :
Blaise Champin notre maçon
Travaille après notre maison.
Que le ciel, si je vous abuse,
Me punisse à l'instant : il m'a dit deux corbeaux !
LEGROS.
C'est un bien terrible présage !
CINGLANT.
Votre ami Blaise est-il encore chez vous ?
GRASSOT.
Oui, monsieur, il est à l'ouvrage.
CINGLANT.
Faites-le moi venir.
(*Grassot* sort).

SCÈNE IV.

CINGLANT, LEGROS, SIBILET.

CINGLANT (*à part*).
Il faut aux yeux de tous.
Cette leçon ne peut être inutile ;
(Et ce sera peu difficile),
Faire éclater la vérité
Leur montrer leur crédulité.

SCÈNE V.

LES MÊMES, GRASSOT, CHAMPIN.

CINGLANT.

Bonjour, monsieur Champin.

CHAMPIN.

Bonjour, monsieur le Maître

CINGLANT.

Voulez-vous nous conter...

CHAMPIN.

Si monsieur veut permettre.
J'ai rencontré de grand matin
Notre voisin Mouillard ; et, qu'il m'a dit : Champin,
Bonjour ; bonjour, Mouillard, que moi je lui répète.

CINGLANT (*à part*).

Il n'en finira pas !

CHAMPIN.

Comment va la santé,
Qu'il me dit ; pas trop mal !

SIBILET.

Achève, grosse bête !

CINGLANT.

Sibilet, taisez-vous, point de grossièreté !
Champin, dites-nous, je vous prie,
L'histoire des corbeaux ; j'ai hâte d'en finir ;

CHAMPIN.

Monsieur, je ne sais point mentir,
Et je n'ai, que je dis, point fait de tromperie ;
Mouillard m'a parlé d'un corbeau,

Et c'est, que je vous dise, un fort vilain oiseau !
Mais je ne sais rien davantage
Et je retourne à mon ouvrage.
CINGLANT.
Envoyez-moi Mouillard, (*il sort*).

SCÈNE VI.

SIBILET, CINGLANT, LEGROS, GRASSOT.

SIBILET.
Eh bien ! monsieur Cinglant
Un corbeau ! n'est-ce pas à vos yeux effrayant.
CINGLANT.
Attendez : nous allons continuer l'enquête ;
Sibilet, je vous le répète,
De pareils faits pour être crus,
Avant tout veulent être vus :
N'oubliez pas d'ailleurs qu'il est fort ridicule.
De se montrer aussi crédule.
LEGROS (*à part*).
Il parle bien, monsieur l'instituteur ;
Un corbeau cependant c'est signe de malheur.

SCÈNE VII.

LES MÊMES, MOUILLARD.

CINGLANT.
Bonjour, monsieur Mouillard, comment va votre femme ?

MOUILLARD.

Merci, monsieur, pour la pauvre chère âme.
　　　Elle est un peu mieux ce matin :
　　　Monsieur Purgon, le médecin
　　　Lui fait prendre de l'émétisse.
Et, sauf votre respect, il lui rend grand service :

CINGLANT.

　　Monsieur Purgon est un savant.

SIBILET.

　　Comme vous, cher monsieur Cinglant.

MOUILLARD.

　　Tant y a qu'à la fin elle se débarrasse :
　　Elle a vomi, sous votre grâce,
Quelque chose de noir comme votre chapeau,
　　Ou comme l'aile d'un corbeau :
　　Ce que c'est que la médecine !

CINGLANT.

De ce conte, messieurs, vous voyez l'origine :
　　On est fort aisément porté
　　Par sottise ou par vanité
　　A grossir le fait qu'on raconte ;
De ces corbeaux vous voyez que le compte
　　S'est réduit petit à petit ;
C'est ainsi que se fait le cancan de village.
Ce n'est rien tout d'abord ; bientôt il se grandit..
　　De bouche en bouche il se propage.

SIBILET.

Nous disions trois corbeaux ; sans vous, monsieur Cinglant.
　　Ce soir on eût dit plus de cent.

CHARLES
OU LE PETIT CHIPEUR.

PERSONNAGES.

M. Godureau, maître de pension (sérieux)
Crouton, économe (type un peu ridicule).
Bidot, surveillant (grave).
Charles Herbelin (élève).
Ernest de Cerny,   id.
Morin, bouquiniste, vieux à lunettes.
Pichenet, domestique, sot.
Jacques, portier.
      Elèves de la pension.

CHARLES
OU LE PETIT CHIPEUR

Comédie en un acte et en prose.

La scène se passe dans la pension de Godureau ; tables au fond.

SCÈNE I.

CROUTOU (*seul*).

En vérité, cela devient intolérable !... j'en perdrai la tête !... moi, tenace Crouton, qui, depuis trente ans, exerce avec honneur, j'ose le dire, les importantes fonctions d'économe dans la belle pension de M. Godureau, la meilleure de Paris ; moi qui sais, à un centigramme près, la quantité de pain, de viande et de farineux qui s'y consomme chaque jour ; moi qui, pendant ces longues années, ai pu calculer, supputer, jauger et mesurer l'appétit des élèves que je suis appelé à nourrir... bien entendu. avec la plus grande économie possible !... Eh bien ! depuis un grand mois, le vol et le pillage règnent en maîtres dans cet établissement !... C'est en vain que je renferme les provisions sous doubles et triples clefs, sous doubles et triples serrures; tout disparaît, presque sous mes yeux... je n'ai pu sauver une figue ! je n'ai pu conserver un raisin ! nos pauvres raisins !

Jeudi dernier, jeudi ! la veille du vendredi, jour que l'on a, avec raison, de tout temps consacré aux haricots et aux pruneaux, je me suis aperçu, désastre effroyable ! que le tonneau qui les renfermait était presque vide !... J'ai beau veiller, passer la moitié des nuits, tout reste inutile !... j'ai fait changer les serrures ! dépense sans résultat ! hier j'ai prévenu M. Godureau, que cela regarde, après tout, car, pour moi, je n'en serai ni plus pauvre ni plus riche !... il a refusé de le croire !... Les rats, m'a-t-il dit, sont les seuls voleurs... Ah ! bien oui, les rats ; les rats auraient-ils promené les noyaux dans tous les escaliers et jusqu'au fond du dortoir, si bien que ce matin il s'en est trouvé un sous mon pied, et si je n'avais saisi la rampe fort à propos, j'aurais probablement roulé jusque dans la cour... Oui, je suis vexé d'être ainsi pris pour dupe par un tas d'enfants, car ce sont eux, j'en suis sûr ! paresseux et menteurs, que j'entends ricaner derrière moi à chaque fois que je les rencontre... mais je finirai par les prendre, ces maraudeurs, ces chipeurs, comme on les appelle ; si fins qu'ils soient, ils ne peuvent longtemps m'échapper, et...

SCÈNE II,

CROUTON, GODUREAU.

GODUREAU.

Eh bien, mon cher Crouton, êtes-vous enfin revenu de vos idées noires ? songez-vous encore au vol et au pillage, et n'êtes-vous pas enfin convaincu que cela n'existait que dans votre imagination ?

CROUTON.

Plût au ciel, monsieur Godureau, qu'il en fût ainsi ; mais cela devient de plus en plus intolérable !

GODUREAU.

Allons donc, mon ami : pour quelques figues, quelques raisins que vous ont dérobés les rats !

CROUTON.

Quelques figues, quelques raisins ! Vous en parlez fort à votre aise, monsieur le directeur ; mais mon honneur est en jeu, et j'espère, monsieur, que vous n'hésiterez pas à faire un exemple dès que le voleur vous sera connu.

GODUREAU.

Le voleur ! entre nous, le mot est un peu dur.

CROUTON.

Il est bien mérité : ce matin encore...

GODUREAU.

Quoi donc? qu'est-il arrivé ?

CROUTON.

Un superbe gigot de mouton, un gigot que j'avais choisi moi-même, un gigot que je réservais pour la table des maîtres....

GODUREAU.

Eh bien !

CROUTON.

Disparu, monsieur, disparn au moment où Pichenet se disposait à le mettre à la broche!

GODUREAU.

Vous plaisantez, un gigot cru !

CROUTON.

Oui, monsieur, un gigot cru ; c'est épouvantable ! que veulent-ils en faire? le mangeront-ils dans cet état, comme le feraient de véritables sauvages?

GODUREAU.

Pensez-vous qu'il ait été enlevé par quelqu'un de nos élèves?

CROUTON.

N'en doutez pas, monsieur.

GODUREAU.

Ne serait-ce pas quelque domestique?

CROUTON.

Je réponds d'eux comme de moi-même ; non, non, c'est, j'en suis sûr, un de ces petits mauvais sujets qui rôdent sans cesse dans les corridors.

GODUREAU.

S'il en est ainsi, le coupable sera, je le promets, sévèrement puni ; une pareille conduite est impardonnable !

SCÈNE III.

LES MÊMES, PICHENET.

PICHENET.

Monsieur Crouton, ah ! monsieur Crouton !

CROUTON.

Qu'y a-t-il encore, Pichenet ?

PICHENET.

Oh ! monsieur l'économe !

GODUREAU.

Parle donc, Pichenet.

PICHENET.

Monsieur le directeur, figurez-vous que j'étions, tout à ce moment, dans le fond de la cuisine, occupé à éplucher comme qui dirait de la salade, et j'avions laissé sur la table ma corbeille toute pleine d'œufs tout prêts ; il y en avait, bien compté, comme qui dirait trois douzaines.

CROUTON.

Eh bien! achève donc.

PICHENET.

Eh bien! monsieur, pendant que j'avions, comme qui dirait le dos tourné, il en a disparu, comme qui dirait, près d'une douzaine.

CROUTON.

Bien sûr, Pichenet?

GODUREAU.

As-tu bien refait ton compte?

PICHENET.

Ah! monsieur le directeur, c'est la vérité vraie.

CROUTON.

Vous voyez, monsieur Godureau.

GODUREAU.

Cela passe les bornes!... Pichenet, tu n'as vu personne?

PICHENET.

Monsieur, j'avons bien, comme qui dirait, entendu quelque bruit; mais, pour sûr, je n'avons rien vu.

GODUREAU.

Et vous persistez, monsieur Croutou, à affirmer que ce n'est aucun des domestiques?

CROUTON.

Oui, sans doute, monsieur le directeur.

PICHENET (*pleurant*).

Ah! ah! monsieur, pouvez-vous nous accuser?

GODUREAU.

Je commence à croire que c'est un de nos élèves.

CROUTON.

Je suppose, monsieur, qu'il y en a plus d'un; mais je

ne crois point me tromper en vous désignant, comme l'un des coupables, le petit Charles Herbelin.

GODUREAU.

Herbelin, le fils de mon banquier ?

CROUTON.

Oui, monsieur, il est, j'en suis persuadé, l'un des plus enragés chipeurs de la pension, il est sans cesse à rôder hors de la cour, on le trouve partout, excepté où il devrait être.

PICHENET.

Ah ! oui, monsieur, nous le voyons, comme qui dirait, bien souvent dans notre cuisine.

GODUREAU.

Nous allons le savoir... Pichenet, allez le chercher, c'est le moment de la récréation, et...

CROUTON.

Voici monsieur Bidot le surveillant.

GODUREAU.

Justement, il l'amène avec lui.

SCÈNE IV.

LES MÊMES, BIDOT, CHARLES HERBELIN, *tout honteux, et plusieurs élèves qui s'arrêtent au fond en riant entre eux.*

BIDOT.

Pardon, monsieur le directeur, je vous amène M. Charles Herbelin pour qu'il vous donne l'explication de sa conduite...

CHARLES (*à part.*)

Je suis pincé !

BIDOT.

Ce que je n'ai pu obtenir de lui.

GODUREAU.

Que lui reprochez-vous, monsieur Bidot?

BIDOT.

Voici, monsieur le directeur : il n'y a qu'un instant, il est rentré dans la cour, venant je ne sais d'où, et s'est mêlé aux jeux de ses camarades...

GODUREAU.

Jusqu'ici il n'y a pas grand mal !

BIDOT.

Pardon, monsieur; tout-à-coup je me suis aperçu (comme il passait en courant près de moi), que quelque chose de jaunâtre coulait le long de son pantalon bleu ; je l'ai appelé, et, au milieu des rires de ses camarades, j'ai découvert que ses poches étaient pleines de coquilles d'œufs.

CHARLES (*à part*).

Si j'avais su qu'ils n'étaient pas cuits !

PICHENET.

Tiens ! je m'en doutions; c'est le voleur de mes œufs !

CROUTON (*à part.*)

Et probablement celui de mon gigot! il paraît que cet enfant aime les crudités.

GODUREAU.

Approchez, Charles ! n'avez-vous point honte d'une pareille conduite ? n'avez-vous point réfléchi lorsque vous commettiez ce larcin ?...

CHARLES (*pleurant*).

Oh ! monsieur le directeur !

Théâtre.

GODUREAU.

Oui, c'est un larcin, Charles; n'avez-vous point réfléchi que vous pouviez en faire accuser le pauvre Pichenet ?

PICHENET (*pleurant*).

Ah! ah! oui, monsieur le directeur !

GODUREAU.

Ou quelqu'un des autres domestiques, peut-être même un de vos camarades ?

TOUS LES ÉLÈVES (*criant*).

Ah! ah! nous ne sommes pas des voleurs, nous autres !

GODUREAU.

Silence, messieurs; que répondez-vous, Charles ?

CHARLES (*pleurant*).

Oh ! monsieur le directeur, pardonnez-moi, je ne le ferai plus!

GODUREAU.

Comme ce n'est pas, j'en suis sûr, votre coup d'essai !

CHARLES (*pleurant*).

Oh! monsieur, pardonnez-moi, c'est bien la première fois.

CROUTON.

Oui, oui, c'est bien lui qui m'a enlevé mes raisins, mes pruneaux, et, ce matin encore, un superbe gigot de mouton...

GODUREAU.

Vous entendez, Charles; n'est-ce point vous ?

CHARLES (*balbutiant*).

Non, non, monsieur le directeur !

GODUREAU (*d'un ton sévère*).

Quoiqu'il en soit, je vais en instruire monsieur votre père.

CHARLES (*pleurant*).

Oh! monsieur, pardonnez-moi!

GODUREAU.

Que dira cet honnête homme quand il apprendra que son fils...

PICHENET.

Est un voleur!

GODUREAU.

Silence, Pichenet.

CHARLES (*pleurant*).

Grâce, monsieur le directeur, je ne le ferai plus!

GODUREAU.

Avant que je vous pardonne, il faut que vous fassiez l'aveu sincère de toutes vos fautes, et, songez-y bien, ce n'est qu'à cette condition.

CHARLES (*pleurant*).

Eh bien! eh bien! oui, monsieur Crouton, c'est moi qui ai pris le gigot...

CROUTON.

Qu'en avez-vous donc fait? il était cru!

CHARLES (*pleurant*).

Mon... sieur, il est encore dans mon... pupitre.

CROUTON.

Je cours le chercher (*il sort*).

SCÈNE V.

LES MÊMES.

CHARLES.

Monsieur le directeur, c'est moi aussi qui ai pris les pruneaux et les raisins de monsieur Crouton... et nous en avons tous mangé...

UN ÉLÈVE (*aux autres à part*).

Tiens, il va nous dénoncer.

UN AUTRE (*de même*).

S'il en a le malheur !

GODUREAU.

Vous êtes bien coupables, Charles, vous et vos camarades qui se sont associés à cette faute ! je suis fort mécontent de vous tous ! Allez, retirez-vous à l'étude, et réfléchissez à votre conduite.

(*Les élèves sortent suivis de Charles et de Bidot.*)

SCÈNE VI.

GODUREAU (*seul*).

Que faire pour le corriger ? le renvoyer, ce serait bien sévère ; il est si jeune encore ! une forte punition suffira sans doute pour le ramener au bien.

SCÈNE VII.

GODUREAU, MORIN, JACQUES.

JACQUES.

Monsieur le directeur, voici un libraire qui désire vous parler. (*Il sort*).

―

SCÈNE VIII.

GODUREAU, MORIN.

GODUREAU.

A quoi dois-je l'honneur de votre visite ? en quoi puis-je vous être utile ?

MORIN.

Monsieur, je viens vous faire une communication qui sans doute vous intéressera...

GODUREAU.

Parlez, monsieur !

MORIN.

Dans le nombre de vos élèves, il en est qui, sans doute pour se procurer quelques friandises, se débarrassent à bon marché de leurs livres d'étude, et affirment ensuite à leurs maitres et à leurs parents qu'ils les ont perdus !

GODUREAU.

Cela peut-être, Monsieur, mais...

MORIN.

Monsieur, je suis libraire sur le quai; on nous appelle

bouquinistes... mais, croyez-le bien, je suis honnête homme.

GODUREAU.

Monsieur, j'en suis tout persuadé.

MORIN.

Hier au soir un enfant de onze ou douze ans s'est présenté à ma boutique et m'a proposé tout en hésitant quelque peu, de me vendre deux livres, un dictionnaire latin et une grammaire de Duvivier ; les voyant en bon état, j'ai supposé que cet enfant les avait volés ou qu'il les vendait, comme je vous l'ai dit, pour acheter quelque jouet... en soulevant la couverture, j'ai reconnu que ces ouvrages appartenaient à un des élèves de votre pension ; et craignant que cet enfant n'allât s'adresser à quelqu'un de mes confrères moins scrupuleux, je les ai achetés ; les voici il me les a cédés pour trois francs et...

GODUREAU (*prenant les livres.*)

Monsieur, je vous remercie de cette démarche qui vous fait le plus grand honneur... Voyons donc à qui ils appartiennent. (*Il soulève la couverture et lit.*) Ernest de Cerny, pension Godureau : (*à part*) ce ne peut être lui ; c'est un de mes meilleurs élèves ; du reste son père ne le laisse point manquer d'argent... je vais m'en assurer immédiatement (*il sonne.*)

—

SCÈNE IX.

LES MÊMES PICHENET.

GODUREAU.

Pichenet, rendez-vous immédiatement à l'étude, et ramenez M. Ernest de Cerny.

PICHENET.

Oui, Monsieur! (*Il sort*).

—

SCÈNE X.

GODUREAU, MORIN.

GODUREAU.

Vous allez sans doute reconnaître votre jeune vendeur.

—

LES MÊMES PICHENET, CERNY.

GODUREAU.

Approchez, Ernest : reconnaissez-vous ces deux ouvrages.

ERNEST (*joyeux*).

Certainement, Monsieur le directeur ; c'est mon dictionnaire et ma grammaire ; je les croyais perdus ; ah ! je suis bien content, merci monsieur !

GODUREAU...

Depuis combien de temps les avez-vous perdus?

ERNEST.

Depuis hier matin seulement! et je ne pouvais le comprendre ; quelqu'un a ouvert mon pupitre et me les a enlevés.

GODUREAU (*à Morin*).

Monsieur, reconnaissez-vous cet élève.

MORIN.

Non, Monsieur, ce n'est point cet enfant qui s'est présenté chez moi.

GODUREAU (à part).

Serait-ce encore Charles Herbelin? Ce serait impardonnable ; et cependant le chasser, n'est-ce point porter le désespoir dans sa famille, tuer son père, et briser son avenir... il est intelligent... (*il réfléchit*) oui, le ciel m'inspire, et j'espère que cette leçon suffira... (haut) Pichenet allez à l'instant trouver M. Bidot et qu'il conduise ici tous les élèves sans exception..... attendez, vous monterez ensuite chez moi et me porterez un journal que j'ai laissé sur mon bureau. (*Pichenet sort*).

SCÈNE XII.

LES MÊMES, moins PICHENET.

GODUREAU (à part).

Oui, je ne doute pas que cet exemple ne soit salutaire à tous (*haut à Morin*). Monsieur, tous mes élèves vont passer devant vous ; je vous prie de me désigner celui d'entr'eux qui vous a présenté ces ouvrages ; vous comprenez sans doute quelle importance j'attache à le connaître.

MORIN (*s'inclinant*).

Oui, monsieur.

GODUREAU.

De plus, je vous prie de garder le secret sur cette affaire.

MORIN.

Monsieur, vous pouvez y compter.

SCÈNE XIII.

LES MÊMES, (*Bidot et tous les élèves entrent et se rangent dans le fond ; après un instant de silence, pendant lequel Charles cherche à se dérober aux regards, Morin fait un pas en avant, et le désigne du doigt, en disant :* Le voici, monsieur le directeur.

GODUREAU.

Approchez Charles Herbelin! et répondez avec franchise !

CHARLES (*tremblant*).

Oh! monsieur le directeur, je suis bien coupable ! Grâce ! pardon !

GODUREAU.

Vous en êtes indigne! et si je ne songeais au désespoir de vos parents, vous quitteriez immédiatement cette maison! vous avez commis un vol au préjudice de l'un de vos camarades ; vous avez osé ouvrir, forcer son pupitre ; tout cela pour satisfaire votre gourmandise!

CHARLES (*pleurant*.

Grâce, monsieur.

SCÈNE XIV.

(*Pichenet entre et remet le journal à Godureau*)

TOUS LES ÉLÈVES.

Grâce pour lui, monsieur le directeur !

GODUREAU.

Ignorez-vous donc que les voleurs vont en prison.. la justice les flétrit !

CHARLES (*à genoux*).

Pitié ! pardon !

GODUREAU.

Eh bien ! écoutez ce que je vais vous lire, et vous verrez quel est le sort qui vous attend, si vous ne changez dès aujourd'hui de conduite. (*Il ouvre le journal*). Cela se passait hier au tribunal, devant la police correctionnelle : c'est là qu'on juge les voleurs, avant qu'ils aillent s'asseoir sur d'autres bancs, ceux de la cour d'assises !

CHARLES (*toujours à genoux*).

Ah ! monsieur le directeur !

GODUREAU.

Ecoutez, et que ce récit reste à jamais gravé dans votre mémoire à tous, vous verrez qu'il n'y a guère de petites fautes qui n'en entraînent de plus grandes : (*il lit*) Adolphe Lardenois, enfant de quinze ans à peine, est conduit devant la septième chambre ; sa figure est intelligente, et l'on s'étonne tout d'abord de le voir assis sur ce banc d'infamie ; mais son regard effronté annonce qu'il est déjà endurci dans le mal..... Adolphe Lardenois appartient à une famille d'honnêtes artisans qui ont fait pour lui les plus grands sacrifices ; mais ni leurs conseils, ni les châtiments les plus sévères, n'ont pu le corriger d'un vice honteux qui l'a peu à peu entraîné dans la voie du mal..... Adolphe est gourmand, et pour satisfaire son triste penchant, il a commencé par dérober de l'argent à son père, par s'emparer de hardes qu'il allait vendre aux fripiers ; plus tard ses parents l'envoyèrent à l'école, mais il en fut honteusement chassé, dès que l'on s'aperçut qu'il volait les jouets et les livres de ses petits camarades...

CHARLES (*pleurant*).

Oh ! pardon ! pardon !

GODUREAU (*lisant*).

Dès lors rien ne l'arrêta plus sur la pente du crime ! abandonné à lui-même il fréquenta bientôt de mauvais sujets et fit main basse sur tout ce qui se trouva à la portée de sa main, volant aux épiciers peu défiants du voisinage les pruneaux, les amandes, les raisins, le sucre. Tout d'abord les marchands qui s'en aperçurent (car les voleurs sont pris tôt ou tard), se contentèrent de lui tirer les oreilles ou de lui administrer quelque correction trop bien méritée... Enfin l'un d'eux moins endurant, l'ayant surpris au moment où il volait quelques paquets de chandelle, l'a livré à la justice. Le tribunal, sur la demande même du malheureux père d'Adolphe, a ordonné qu'il fût renfermé dans une maison de correction jusqu'à l'âge de vingt-un ans. Puisse-t-il en sortir corrigé ! puisse cet exemple servir aux enfants de son âge.

CHARLES (*pleurant*).

Ah ! monsieur le directeur je ne l'oublierai jamais; donnez-moi ce journal afin que je puisse le relire encore et pardonnez-moi cette dernière faute.

GODUREAU.

J'y consens ; mais.....

TOUS.

Vive monsieur le directeur !

GODUREAU.

Souvenez-vous que le crime a ses degrés, et gravez dans votre cœur, mes enfants, ces deux vers de l'un de nos grands poètes.

> Dans le chemin du vice
> On est au fond du précipice
> Dès qu'on met un pied sur le bord.

AU DIABLE LES CRÉANCIERS.

PERSONNAGES.

GRANDPERRIN, banquier, grave, cheveux gris.
DUVAL, son neveu, jeune.
PETIT-PIERRE, commissionnaire, jeune.
SCHNEIDER, tailleur, un paquet sous le bras.
MONDON, tapissier, un mètre à la main.
NORMAND, maquignon, bottes et cravache.
GIGONNET, escompteur.
LEDRU, huissier.

AU DIABLE LES CRÉANCIERS.

Comédie en un acte et en vers.

La scène est à Paris, dans le cabinet de Grandperrin.

SCÈNE I.

GRANDPERRIN, DUVAL.

GRANDPERRIN.

Eh quoi ! mon cher neveu, vous avez en trois ans,
Gaspillé, dévoré les deux cent mille francs
    Que vous a laissés votre père !
Et de plus, je le crains, vous êtes endetté !

DUVAL.

Hélas ! mon oncle, hélas ! c'est bien la vérité !
Envers moi cependant ne soyez point sévère,
Vous savez qu'aisément l'on se laisse entraîner...

GRANDPERRIN.

Soit, je veux bien vous pardonner,
Mais dès ce jour soyez plus sage,
    Préparez-vous un avenir ;
Travaillez, songez qu'à votre âge,
C'est le moment de réfléchir :

L'homme oisif ici-bas est un être inutile,
    Et passe aux yeux de bien des gens
    Pour un sot, pour un imbécile...

DUVAL.

Il est vrai!

GRANDPERRIN.

    Je suis vieux; bientôt, je le pressens,
La mort viendra terminer ma carrière...

DUVAL.

O mon oncle, le ciel entendra ma prière;
    Vous vivrez encore de longs jours.

GRANDPERRIN.

Dieu peut à chaque instant en arrêter le cours.
    Soumettons-nous à sa volonté sainte!
   Mais, cher enfant, je partirais sans crainte,
Si je voyais en vous un garçon sérieux,
    Qui sache faire un bon usage,
    Quand il m'aura fermé les yeux...

DUVAL.

Mon cher oncle, arrêtez!

GRANDPERRIN.

        De mon pauvre héritage,
  Car je vous aime...

DUVAL.

       En vérité,
De vous je n'ai point mérité
Une aussi complète indulgence!

GRANDPERRIN.

Dès lors j'ai quelques droits à votre obéissance?

DUVAL.

    Ah! vous pouvez, dès ce moment,
Compter sur mon respect et sur mon dévouement.

Parlez, que faut-il que je fasse ?
GRANDPERRIN.
Eh bien ! dans nos bureaux, reprenez votre place,
N'êtes-vous pas mon héritier ?
Après moi vous serez banquier.
DUVAL.
J'accepte, et vous fais la promesse
De mériter votre tendresse.
GRANDPERRIN.
Mais il faut avant tout liquider le passé ;
Je ne serai vraiment tranquille
Qu'en vous voyant débarrassé...
DUVAL.
Ce ne sera point difficile !
GRANDPERRIN.
De tous vos créanciers !
DUVAL.
Ah ! dans ces derniers temps,
Ils se montraient fort exigeants ?
GRANDPERRIN.
C'était leur droit...
DUVAL.
De leurs visites
Ils m'assommaient chaque matin !
GRANDPERRIN.
C'est leur usage !
DUVAL.
Et l'un d'eux, le coquin !
M'a fort insolemment menacé de poursuite.
GRANDPERRIN.
N'étiez-vous pas son débiteur ?

DUVAL.
Il est vrai, cependant je l'aurais de grand cœur
Rossé !

GRANDPERRIN.
Triste moyen !

DUVAL.
Et j'obtiendrais sans peine
Leur quittance; (pour moi la chose est bien certaine),
Si j'avais de l'argent !

GRANDPERRIN.
Savez-vous à peu près
Ce que vous leur devez : capital, intérêts,
Sans oublier les autres accessoires ?

DUVAL.
Quelques vingt mille francs, j'en suis vraiment honteux.

GRANDPERRIN (*ouvrant un portefeuille*).
En voici vingt-cinq : invitez ces messieurs,
A vous présenter leurs mémoires
Aujourd'hui même...

DUVAL.
Ils viendront tous.
J'en suis sûr, mon cher oncle, à notre rendez-vous!
Merci donc !

GRANDPERRIN.
Hâtez-vous de régler leurs créances,
Et gardez-vous à l'avenir,
Si vous tenez à me faire plaisir,
Mon cher enfant, de ces folles dépenses.

DUVAL.
Oui, mon oncle, je vous promets
Que vous n'aurez point de regrets.

GRANDPERRIN.
Je vais vous envoyer un commissionnaire,
Que vous pourrez charger de votre circulaire ;
Tâchez d'en finir aujourd'hui :
Adieu, je descends à la caisse.

—

SCÈNE II.

DUVAL (*seul*).

Que de bonté, quelle tendresse
Il a montré pour moi ! dès ce jour avec lui
Je veux vivre en bon fils ! voyons, il faut écrire
A mes chers créanciers ; je perdrais trop de temps
A les chercher ; d'ailleurs ils seront trop contents
Pour se formaliser : bien, je n'ai qu'à leur dire :

(*Il prend une plume et écrit*).

Mon oncle Grandperrin me fait son héritier,
Venez, je suis en fonds, et je veux vous payer ;
C'est tout ; signé : Duval ; je n'écris qu'une lettre,
Tour à tour à chacun on pourra la remettre !
Gigonnet l'escompteur ayant acquis les droits
De la plupart d'entr'eux, il n'en reste que trois.
Après lui qui se place en tête de la liste ;

(*Il écrit*).

Schneider le tailleur, qui se croit un artiste,
Puis vient le tapissier Mondon.
Enfin Normand le maquignon ;
La voilà, je crois bien complète ;
Je suis prêt à leur tenir tête,
L'argent en main s'entend.

SCÈNE III.

DUVAL, PETIT-PIERRE.

DUVAL.

Voici mon savoyard
Petit-Pierre, approchez ; rendez-vous sans retard
Chez les quatre marchands dont vous voyez l'adresse,
Rappelez-vous que cela presse !

PETIT-PIERRE.

Oui, oui, monsieur.

DUVAL.

Portez-leur ce billet ;
Ils verront que je suis tout prêt
A les payer...

PETIT-PIERRE.

Monsieur, soyez tranquille !
De longtemps je connais tous les coins de la ville.

DUVAL.

Hâtez-vous, mon ami !

PETIT-PIERRE.

Monsieur, tous mes clients
De moi se disent fort contents ! (*Il sort*).

—

SCÈNE IV.

DUVAL (*seul*).

On prétend qu'il est très fidèle,

Mais il est un peu drôle avec sa clientèle ;
  Autrefois tous les fournisseurs,
Songeaient tout simplement à servir leurs pratiques,
 Mais de nos jours : autre temps, autres mœurs,
Ils ont des magasins et n'ont plus de boutiques,
Nous sommes leurs clients et supportons les frais,
(C'est bien à mes dépens, parbleu ! que je le sais,)
  De leur pompeuse mise en scène......
Grâce à mon oncle, enfin, j'en suis débarrassé ;
 Depuis six mois je vivais à la gêne :
On ne dort point quand on est pourchassé.
  Par des coquins sans conscience,
Comme ce Gigonnet, qui sur moi cependant
  A dû gagner beaucoup d'argent.
Et dans ces derniers jours montrait tant d'insolence.....
J'entends venir quelqu'un : c'est monsieur mon tailleur.

SCÈNE V.

DUVAL, SCHNEIDER.

DUVAL.

Bonjour, monsieur Schneider.

SCHNEIDER.

     Votre humble serviteur.

DUVAL.

Vous m'apportez...

SCHNEIDER.

   Monsieur veut-il permettre.
De lui dire ma joie en recevant sa lettre...

DUVAL.
Vous savez que je veux ici vous acquitter.
Tout ce que je vous dois ?

SCHNEIDER.
Monsieur veut nous quitter,
Mais il ne peut gagner au change ;
Nous avons un coupeur qui taille comme un ange.
Un véritable artiste ; il est vraiment sans prix ;
C'est le meilleur de tout Paris.
Puis nous avons des draps

DUVAL.
Monsieur votre facture !

SCHNEIDER.
Monsieur en nous quittant vous nous faites injure
Voyez nos draps, c'est moelleux, c'est corsé !

DUVAL.
De régler avec vous monsieur je suis forcé.

SCHNEIDER.
Vous pouvez le toucher, c'est du drap de fabrique
Et non pas du drap de boutique.

DUVAL.
Je le crois, mais d'abord...

SCHNEIDER.
D'abord nous vous ferons
Quatre gilets, trois pantalons.

DUVAL.
Morbleu ! donnez-moi votre note

SCHNEIDER.
Un habit, une redingote.

DUVAL.
Avant tout je veux vous payer...

SCHNEIDER.

Dès demain nous viendrons pour vous les essayer.
Après ça nous verrons s'il vous faut autre chose.
A bientôt, cher monsieur !

—

SCÈNE V.

DUVAL (*seul*).

Quelle métamorphose !
C'est fort plaisant en vérité !
Hier j'en suis bien sûr, il m'aurait insulté,
Aujourd'hui je le vois rempli de politesse ;
Ah ! quel pouvoir que la richesse !
C'est ennuyeux pourtant !.... voici le tapissier,
Qui pour moi l'autre jour s'est montré si grossier.

MONDON.

Bonjour, monsieur.

DUVAL.

Vous venez, je le pense,
Toucher enfin votre créance.

MONDON.

Ah ! monsieur ! je suis trop heureux.
D'apprendre que votre oncle en parent généreux..,

DUVAL (*impatient*).

Monsieur, ce n'est point votre affaire !

MONDON.

Vous allez, bien certainement !
Remeubler votre appartement ?

DUVAL.

Non, je veux vous payer !

MONDON.

Laissons cette misère !
Voyons vous me chargez de tout
J'ai des meubles du dernier goût !
Bois de rose ou bien palissandre.

DUVAL.

Morbleu, monsieur, veuillez m'entendre !

MONDON.

Vous êtes occupé, je reviendrai demain ! (*il sort.*)

SCÈNE VII.

DUVAL (*seul*).

Ah mais ! c'est trop fort à la fin ;
Me prend-on pour un imbécile ?
Quand j'étais sans argent, ils venaient à la file
Me harceler ; mais à présent
Qu'ils savent que j'ai du comptant,
Ils voudraient allonger la note,
Prolonger le crédit : Ah ! mais non ! ah ! mais non !
Je les connais trop bien ;... voici le maquignon,
Qui, soit dit en passant, est toujours en ribote ;
  Bonjour, Monsieur !

SCÈNE VIII.

DUVAL, NORMAND.

NORMAND.

Bonjour, monsieur Duval !

DUVAL.

Combien vous est-il dû ?

NORMAND.

Corbleu, je vous amène...

DUVAL.

Mon compte, je le veux !

NORMAND.

Un superbe cheval !

DUVAL.

Mon compte, encore un coup !

NORMAND.

Je n'en suis pas en peine,
Mais c'est juste ce qu'il vous faut :
Un cheval de banquier, un cheval sans défaut :

DUVAL.

Eh ! mais, je vous ai dit !.....

NORMAND.

Très bien ! je vous le laisse ;
Nous réglerons plus tard ; vous savez mon adresse (*Il sort*).

SCÈNE IX.

DUVAL (seul).

Entre mes créanciers bien sûr, c'est un complot,
Et tous se sont donné le mot ;
Mais à la fin cela me lasse,
Et quand je devrais, sur ma foi !
Les payer au nom de la loi
Il faut que je m'en débarrasse ;
Sans doute Gigonnet va venir à son tour :
Avec ce vieux fripon je vais user d'adresse.
Mais le voici :

SCÈNE X.

DUVAL GIGONNET.

GIGONNET.

Monsieur, bien le bonjour,
Recevez, s'il vous plaît, mes humbles compliments ;
Car je suis votre ami...

DUVAL (à part).

Sans que cela paraisse !

GIGONNET.

Vous le savez, depuis longtemps.

DUVAL.

Ah ! vous m'avez rendu service,
Cher monsieur Gigonnet : oui, je vous rends justice
Mais sur moi vous faisiez, je crois, quelque profit !

GIGONNET.

Ah ! fort peu, cher monsieur, car, entre nous soit dit,
On a vraiment beaucoup de peine,
En ce temps de spéculateurs,
A se garer de certains débiteurs ;
On nous maudit, on nous malmène ;
Votre oncle, monsieur Grandperrin,
A bien souvent, je le suppose,
Reconnu que tout n'est pas rose
Dans son métier.

DUVAL (*à part*).

Fi ! le coquin !

GIGONNET.

Avec lui, dites-moi, vous serait-il possible,
(J'ai quelque argent de disponible),
De m'aboucher ; il fait, dit-on,
Hausser à volonté la rente,
Et je voudrais...

DUVAL (*à part*).

Quel plat fripon !

GIGONNET.

Faire un essai, le jeu me tente !

DUVAL.

Tout prêt à vous servir, cher monsieur Gigonnet,
Mais avant tout réglons votre créance.

GIGONNET.

Ce serait me faire une offense.

DUVAL.

Vous êtes vraiment bon, eh bien, soyez discret

GUYONNET.

Monsieur, n'en doutez point.

DUVAL.

Vous avez lu ma lettre.

GIGONNET.

Sans doute.

DUVAL.

Apprenez donc que je suis endetté.

GIGONNET.

Je le sais.

DUVAL.

Plus que vous ne croyez peut-être.
Eh bien ! j'ai pris la liberté,
(Vous me pardonnerez, car votre âme est si bonne),
Pour obtenir un peu de temps,

GIGONNET (*à part*).

Au diable soit si je pardonne !

DUVAL.

Près de mes créanciers un peu trop exigeants.
De leur faire ce joli conte ;
Tous ont donné dans le panneau,
Vous aussi Gigonnet ; le tour n'est-il pas beau ?
Je suis franc avec vous ?

GIGONNET (*à part*).

Cela fait peu mon compte !
(*Haut*). Comment, Monsieur, votre oncle Grandperrin
Ne vous a rien donné ?

DUVAL.

Rien, je vous le répète ;
Croyez-vous donc qu'il a perdu la tête ?
Il m'a formellement menacé ce matin,
De me déshériter...

GIGONNET.
Cette plaisanterie
N'est pour moi qu'une fourberie,
Et je veux toucher mon argent.

DUVAL.
Cher monsieur Gigonnet, montrez-vous patient,
Vous me l'avez promis!

GIGONNET.
J'ai fait cette promesse,
(à part). C'était vraiment une faiblesse.
(Haut) Quand de votre oncle le banquier
Je vous croyais seul héritier;
A présent qu'avec lui vous êtes en querelle
Je veux être payé, si non de par la loi,
Vous entendrez parler de moi;
Mon argent!

DUVAL.
Gigonnet, un instant!

GIGONNET.
Bagatelle!
Je porte mes billets à mon huissier Ledru.

DUVAL.
Tant de rigueur de vous! je ne l'aurais pas cru;
Mais du moins, gardez, je vous prie,
Le secret le plus grand sur ma plaisanterie;
J'ai d'autres créanciers! (*Gigonnet sort*)

—

SCÈNE XI.

DUVAL (seul).

Bien ! il court de ce pas,
Chez eux sonner le branle-bas !
Tous seront furieux, et Ledru va bien vite,
En leur nom me rendre visite.
Voici mon oncle !

—

SCÈNE XII.

DUVAL, GRANDPERRIN.

GRANDPERRIN.

Eh bien ! mon cher enfant,
Avez-vous réglé ces créances?
Vous ont-ils donné leurs quittances?
Vous reste-t-il beaucoup d'argent ?

DUVAL.

Mon oncle, les coquins ! cela va vous surprendre,
Ont tous refusé de le prendre :
Autrefois, quand je n'avais rien,
Ils étaient sans cesse à ma porte ;
Mais le riche neveu du riche Grandperrin
Par eux est traité d'autre sorte :
Aussi, pour en finir, je leur ai raconté
Que vous m'avez déshérité ;
Que ma conduite trop légère
Vous a mis contre moi en très grande colère ;
Ils sont tous furieux et vont certainement
Exiger de moi leur paiement.

Oui, Ledru, leur huissier, va sans doute apparaître,
Et je n'aurai qu'à lui remettre...
Justement le voici.

SCÈNE XIII.

LES MÊMES, LEDRU.

LEDRU.

Votre humble serviteur
Monsieur Duval ?

DUVAL.

C'est moi !

LEDRU.

Monsieur, je vous arrête !

DUVAL

Vous m'arrêtez ?

LEDRU.

A la requête
De messieurs Jean-François Schneider, maître tailleur,
Sulpice-Babylas Gigonnet, escompteur.

DUVAL.

Dites-nous le total sans phrase !

LEDRU.

Aristide-Parfait. Le Normand, maquignon ;

DUVAL.

Ah ! monsieur, c'est assez !

LEDRU.

Gilbert-Blaise-Athanase...

DUVAL.

Il n'en finira pas !

LEDRU.

Bonaventure Mondon,
Tapissier, tous ayant établi domicile
A Paris...

GRANDPERRIN.

L'arrêter serait bien difficile!

LEDRU.

Je, Jean Ledru, huissier, dûment assermenté,
Près le tribunal de la Seine...

DUVAL.

C'en est trop!

LEDRU.

Me suis transporté
En la maison du sieur Vincent Duval!...

GRANDPERRIN.

Eh mais, morbleu! monsieur, les fonds sont prêts!

DUVAL.

De lire le surplus enfin l'on vous dispense:
Remettez-moi tous mes billets,
Et du tout donnez-moi quittance;
Quel en est le total?

LEDRU,

C'est vingt-un mille francs,
Capital, intérêts et tous les frais compétents.

DUVAL (*comptant*).

Les voici; désormais je jure
De ne plus engager ainsi ma signature:
Il en coûte à la retirer.

GRANDPERRIN.

Oui, mais quand on emprunte on ne calcule guère,
Et le mal est d'ailleurs toujours facile à faire
Mais difficile à réparer.

ADOLPHE
OU L'INDISCRET.

PERSONNAGES.

M. Dervin.
Adolphe, son fils.
Vaucheron, cousin de M. Dervin.
Grassot.
Pierre, domestique de M. Dervin
Joseph, domestique de Vaucheron

ADOLPHE

ou

L'INDISCRET

Comédie en un acte et en prose.

—

La scène se passe chez M. Dervin.

—

SCÈNE Ire.

PIERRE, JOSEPH.

PIERRE.
Oui, Joseph, je te le dis, entre nous bien entendu, car..
JOSEPH.
Oh! sois tranquille, Pierre, je ne suis pas un rapporteur
PIERRE.
Eh bien ! le petit Adolphe, le fils de notre maitre...
JOSEPH.
Quel âge a-t-il donc, cet enfant?...
PIERRE.
Dix ou douze ans, je suppose ; mais tout jeune qu'il est, il nous fait damner par son affreux caractère.
JOSEPH.
Comment donc?...
PIERRE.
Il n'a d'intelligence que pour le mal, et ferait, comme on dit, battre les montagnes!

JOSEPH

Tu plaisantes?

PIERRE.

Du tout; il est sans cesse derrière les portes, regardant ce qui se passe, écoutant tout ce que l'on dit, soit au salon, soit à la cuisine; et puis il n'a rien de plus pressé que de courir raconter ce qu'il a vu, répéter ce qu'il a bien ou mal entendu; c'est un fléau dans la maison, et pour peu que cela continue, M. Dervin sera réduit à se servir lui-même; ainsi, le cuisinier Soufflot est parti la semaine dernière...

JOSEPH.

A quelle occasion?...

PIERRE.

Ah mon Dieu! pour fort peu de chose : il paraît que Madame aurait dit en riant à sa femme de chambre que Soufflot était trop maigre pour que sa cuisine fût bonne : ce propos fut répété, et le pauvre diable demanda son compte.

JOSEPH (*riant*).

C'est assez plaisant!

PIERRE.

Ce sont tous les jours nouvelles histoires : Madame Chalamel, la sœur de M. Dervin, ne met plus les pieds chez nous, parce que M. Adolphe lui a rapporté quelques paroles de sa mère au sujet de ses cheveux d'emprunt...

JOSEPH (*riant*).

Ah! ah! c'est un véritable démon!

PIERRE.

Morodan, le cocher, a été renvoyé parce qu'il s'était grisé pour la première fois depuis deux ans; le portier, qui, après tout, n'est pas plus mauvais qu'un autre, a failli l'être à son tour, parce que Monsieur avait appris qu'il lisait les journaux avant lui...

JOSEPH.

C'est l'usage, et cela ne fait de mal à personne.

PIERRE.

Il a mis en fuite les meilleurs amis de son père ; ainsi, M. Linois, qui, tu le sais, n'est pas riche...

JOSEPH.

Ah ! je le connais, c'est un bon homme, qui a été ruiné pendant la révolution !

PIERRE.

Eh bien ! le mois dernier il vint passer quelques jours à la campagne : Un matin, avant de dîner, j'en ris encore quand j'y pense !... M. Adolphe le surprit dans sa chambre raccommodant, le pauvre homme, son vieil habit... Voici qu'au dessert on racontait quelques histoires, et M. Linois vint à dire : Bah ! ce sont des finesses cousues de fil blanc !... Tiens ! s'écrie le petit Adolphe, c'est comme votre habit noir !

JOSEPH (*riant*).

Ah ! ah ! ah ! la bonne plaisanterie !

PIERRE.

Tu peux voir d'ici le superbe effet que cela produisit ; tout le monde riait, et nous les premiers derrière les chaises ; mais le pauvre Linois, tout confus, a quitté aussitôt la table et s'est enfui, sans vouloir entendre les excuses de M. Dervin... Ah ! le méchant enfant a été joliment fustigé, mais...

JOSEPH.

Ma foi, on aurait dû lui tordre le cou !

PIERRE.

C'est un démon : aussi bien, pour peu que cela dure, je

ne ferai pas de vieux os dans la maison ; on est à chaque instant exposé à quelque aventure...

JOSEPH.

Parbleu ! tu as bien raison !

PIERRE.

Heureusement que les vacances ne sont pas longues ; nous en serons bientôt débarrassés !

JOSEPH.

Ce ne sera pas trop tôt.

PIERRE.

Mais pendant que je cause avec toi, personne ne fait mon ouvrage...

JOSEPH.

Et moi donc qui suis chargé d'un tas de commissions ! Bah ! je me sauve !

PIERRE.

Adieu !

JOSEPH.

Mais n'oublie pas de remettre à M. Dervin la lettre que j'ai portée, et de lui dire que M. Vaucheron viendra aujourd'hui pour causer avec lui.

PIERRE.

Dis donc, sais-tu de quoi il tourne ?

JOSEPH.

Ah ! je crois qu'il est entr'eux question d'une très grosse affaire !

PIERRE.

Je m'en doutais ! le vieux père Grassot est à la maison depuis ce matin !

JOSEPH.

Ils veulent exploiter une carrière que l'on a découverte chez nous.

PIERRE (*à part*).

Il dit chez nous ! (*Haut*) Oui, oui, chez notre cousin M. Vaucheron... c'est de la terre à porcelaine?

JOSEPH.

Justement !

PIERRE.

Il paraît qu'ils vont gagner gros !

JOSEPH.

Ah ! l'eau va toujours à la rivière !

PIERRE.

Comme s'ils n'étaient pas assez riches !

JOSEPH.

Peuh ! on n'en a jamais assez, et d'ailleurs avec le train qu'ils mènent, ils ont bientôt vu la fin de leurs revenus.

PIERRE.

Oui, oui, ils ont bien besoin de les augmenter.

JOSEPH.

Allons, je parle encore !... adieu !

PIERRE.

Au revoir !

—

SCÈNE II.

PIERRE (*seul*).

Quelle mauvaise langue il a, ce Joseph! on voit bien qu'il n'a reçu aucune éducation !

SCÈNE III.

PIERRE, ADOLPHE.

ADOLPHE.

Pierre, as-tu vu mon papa?

PIERRE.

Non, monsieur Adolphe; il est sans doute dans son cabinet.

ADOLPHE.

Ah! c'est vrai! Il y est depuis bien longtemps, enfermé avec ce gros monsieur qui s'appelle Grassot! Ah! ah! dis donc, Pierre, c'est celui-là qui ferait un bon cuisinier, et non pas l'autre qui est parti, tu sais, celui qui était si maigre.

PIERRE (*à part*).

Oh! le petit gredin.

ADOLPHE.

Qu'est-ce que ce papier que tu tiens à la main?

PIERRE.

C'est une lettre pour M. votre père.

ADOLPHE.

Ah! ah! de qui donc?

PIERRE.

De votre cousin M. Vaucheron.

ADOLPHE.

Ah! oui, c'est Joseph qui l'a portée : il est resté bien longtemps avec toi.

PIERRE (*à part*).

J'en étais sûr; il nous a sans doute écoutés.

ADOLPHE.

Eh bien! donne-la moi, je la remettrai à mon père.

PIERRE (*à part*).

Oh! ma foi, tant pis ! (*il lui remet la lettre*) : (*haut*) La voici, je cours à mon ouvrage.

SCÈNE IV.

ADOLPHE (*seul*).

Que contient cette lettre? si je pouvais la lire ! (*il essaie d'entr'ouvrir*) C'est trop difficile ; mais voici mon père ! *il se retire dans le fond*).

SCÈNE V.

ADOLPHE (*dans le fond, cherchant à lire*).
M. DERVIN (*paraissant à droite avec M. Grassot*).

DERVIN.

Oui, oui, soyez tranquille, M. Grassot, nous ferons de mon cousin Vaucheron tout ce que nous voudrons ; entre nous, il n'a pas inventé la poudre.

GRASSOT (*riant*).

Ah ! ah ! vous dites vrai !

DERVIN (*à part*).

Ni toi non plus, je suppose. (*haut*) A bientôt, donc !

GRASSOT.

Sans adieu ! je reviens à l'instant... le temps de prendre mes valeurs ! (*Il sort*).

DERVIN.

Oui, oui, nous causerons à table.

SCÈNE VI.

DERVIN, ADOLPHE.

DERVIN (*à part*).

Je crois que je viendrai facilement à bout de les convaincre l'un et l'autre; l'affaire est d'ailleurs excellente pour tous. (*haut*) Que fais-tu là, Adolphe?

ADOLPHE.

Rien, mon papa je m'amuse.

DERVIN.

C'est bon... ne t'avise plus de venir écouter aux portes.

ADOLPHE.

Oh! non, mon papa; bien sûr! tu me l'as défendu?... tiens, voici une lettre qui vient de mon grand cousin; c'est Joseph qui l'a apportée et il est resté...

DERVIN (*prenant la lettre.*)

Voyons, (*il ouvre et lit à voix basse*) (*à part*). Ah! ah! il voudrait conserver la direction de l'entreprise, cela ne m'irait point, mais je saurai bien lui faire entendre raison..... le voici.

ADOLPHE.

Mon papa qui est-ce qui a inventé la poudre, puisque tu as dit...

DERVIN

C'est bon, c'est bon, tais-toi!

SCÈNE VIII.

DERVIN, VAUCHERON, ADOLPHE (*dans le fond écoutant et feignant de jouer*).

VAUCHERON.

Bonjour, Dervin.

DERVIN.

Bonjour, cher ami, comment vous portez-vous ?

VAUCHERON.

Pas trop mal, je vous remercie. Ah çà ! notre affaire ?...

DERVIN.

Elle est en bonne voie ; Grassot sort d'ici et semble disposé à nous avancer les fonds !.., (*à Adolphe*). Adolphe allez jouer ailleurs.

ADOLPHE.

Oui, mon papa (***Il s'éloigne et rentre aussitôt***).

DERVIN.

Il va revenir à l'instant; je l'ai invité à dîner; il aime, vous le savez, les bons morceaux, et à table, nous aurons aisément raison de lui.

VAUCHERON.

Il est heureux d'être riche, ce Grassot; c'est là tout son mérite.

DERVIN (*riant*).

Parbleu de toutes manières, il porte bien son nom... mais, dites-moi, avez vous porté les titres de propriété et l'ordonnance qui nous autorise à exploiter ?

VAUCHERON.

Ma foi non ! j'ai cru que c'était inutile mais...

DERVIN.

Ce n'est que les pièces en main, que nous pourrons déterminer Grassot ; ces gros financiers veulent être éblouis.

VAUCHERON.

En effet, il faut leur jeter de la poudre aux yeux.

DERVIN.

Allez donc en chercher ; je rentre dans mon cabinet et vous attends dans un quart d'heure (*Il sort*).

SCÈNE VII.

VAUCHERON (*s'éloignant à gauche,*) ADOLPHE, *courant à lui.*

VAUCHERON.

Oui, oui, je ne serai pas long !

ADOLPHE.

Bonjour, mon grand cousin !

VAUCHERON.

Bonjour, Adolphe, bonjour.

ADOLPHE (*d'un ton mignard*).

Grand cousin, je veux te demander quelque chose.

VAUCHERON.

Parle, mon ami, mais dépêche, je suis pressé !!!

ADOLPHE.

Mon cousin, toi qui est savant, dis-moi donc qui a inventé la poudre.

VAUCHERON (*à part*).

Que ces enfants sont curieux ! (*haut*) mon ami, je crois

que c'est un moine allemand... mais pourquoi me fais-tu cette question ?

ADOLPHE.

Ah ! mon cousin c'est que... c'est que...

VAUCHERON.

Eh bien !

ADOLPHE.

Eh bien, c'est que mon papa a dit comme ça à ce gros monsieur qui est si gras, et qui a l'air si bête...

VAUCHERON (*riant*).

Ah ! Ah ! Ah ! tu trouves et ton papa lui a dit...

ADOLPHE.

Il lui a dit qu'il savait bien que ce n'était pas toi...

VAUCHERON (*le repoussant*).

Ah ! ton papa a dit que ce n'était pas moi ?

ADOLPHE.

Oui, mon cousin, il n'y a pas longtemps; et je t'assure qu'ils riaient tous les deux !

VAUCHERON.

Eh bien ! ton papa va recevoir de mes nouvelles; tu peux le lui rapporter !

ADOLPHE.

Mon cousin, je voulais encor te demander une chose ? Qu'est-ce que c'est que mener trop grand train ?

VAUCHERON (*sortant*).

C'est bon, tu m'ennuies...

SCÈNE IX.

ADOLPHE (*seul.*)

Tiens! qu'est-ce qu'il a donc mon grand cousin, il a l'air bien en colère.

SCÈNE X.

ADOLPHE, GRASSOT.

GRASSOT.

Bonjour, mon petit ami.

ADOLPHE.

Bonjour, monsieur Grassot.

GRASSOT (*souriant*).

Tu sais mon nom, mon ami?

ADOLPHE.

Ah! oui monsieur, je le sais, et c'est un bien joli nom.

GRASSOT.

Tu trouves, mon bon ami.

ADODPHÉ.

Eh! oui monsieur, et mon papa aussi.

GRASSOT.

Ah! et ton papa aussi.

ADOLPHE.

Oui, monsieur, il a dit à mon grand cousin, vous savez, mon grand cousin Vaucheron, celui qui n'a pas inventé la poudre.

GRASSOT (*riant*).

Ah! ah! petit coquin; tu nous a entendu; eh bien! qu'est-ce qu'il lui a dit à ton grand cousin Vaucheron?

ADOLPHE.

Il lui a dit comme ça que vous étiez très bien nommé !

GRASSOT.

Quoi donc ! il lui a dit... que j'étais très bien nommé !...

ADOLPHE.

Et mon cousin a bien ri, allez !

GRASSOT.

Ah! il a ri; eh bien, tu peux leur dire à tous deux qu'ils n'aient plus à compter sur moi ! (*il sort*).

SCÈNE XI.

ADOLPHE (*seul*).

Ah ça! qu'est-ce qu'il a aussi ce gros vieux; il n'a pas l'air content !

SCÈNE XII.

DERVIN, ADOLPHE.

DERVIN (*à part*).

Ils ne peuvent tarder à venir... (***Haut***) tu es encore là, Adolphe.

ADOLPHE.

Oui, mon papa, je m'amuse.

DERVIN.

Tu ne songes point à étudier !

ADOLPHE.

Eh! papa, je suis en vacance, j'en ai encore pour huits jours.

DERVIN.

Ils seront bientôt passés.

ADOLPHE.

C'est vrai! aussi je veux en profiter....
Mais je voulais te dire, mon papa, mon grand cousin et puis ce gros monsieur qui étaient avec toi ce matin, sont venus, et puis ils sont repartis... Ils avaient l'air en colère.. et puis... (*Il hésite*) et puis...

DERVIN.

Eh bien!...

ADOLPHE.

Ils ont dit que tu aurais bientôt de leurs nouvelles!

DERVIN (*à part*).

Diable! l'affaire aurait-elle manquée; ce serait contrariant... J'espère que non...

ADOLPHE.

Ah! mon papa, Pierre disait à Joseph que vous et mon grand cousin Vaucheron, meniez trop grand train; qu'est-ce que cela veut dire?

DERVIN.

Ah! Pierre a dit cela!

ADOLPHE.

Oui, mon papa.

SCÈNE XII.

LES MÊMES, PIERRE.

PIERRE.

Monsieur, voici deux lettres, de M. M. Grassot et Vaucheron ; on les apporte à l'instant !

DERVIN.

Attendez, Pierre, je veux vous faire votre compte.

PIERRE.

Mon compte, Monsieur, et pourquoi donc ?

DERVIN.

Je n'ai pas besoin de vous le dire : vous pourrez chercher ailleurs une maison où l'on mène moins grand train.

PIERRE (*à part*).

La peste soit du petit rapporteur ! (*Il se recule au fond en faisant un geste de main à Adolphe.*)

DERVIN.

Voyons ces lettres... (*Il en ouvre une et la lit à part*) : c'est de Vaucheron : « Je n'ai pas inventé la poudre, mais je ne suis pourtant pas assez sot, pour me laisser duper ! votre serviteur ! » C'est étrange.

ADOLPHE (*à part*).

Mon papa n'a pas l'air content !

PIERRE (*à part*).

Il y a du grabuge !

DERVIN (*à part*).

Voyons celle de Grassot ! « Je m'appelle Grassot, mais si je consentais à engager un sou dans vos affaires, je serais bien digne de ce nom sur lequel il vous a plu de plaisan-

Théâtre.

ter... (*Il froisse les deux lettres*). Que veulent-ils donc? (*haut*). Pierre, vous avez vu ces deux messieurs?

PIERRE.

Ils sont venus en effet, et n'ont vu que Monsieur Adolphe !

DERVIN (*à part*).

Qui leur a tout répété...

PIERRE.

Ma foi monsieur, vous devriez le savoir; depuis que votre fils est rentré de sa pension, il a fait partir tous vos domestiques et vous a brouillé avec tous vos amis.

ADOLPHE.

Oh ! mon papa, ne l'écoutez pas.

DERVIN.

Adolphe, dès aujourd'hui, vous rentrerez à votre pension.

PIERRE.

Ce sera bien fait, mais il y brouillera sans doute les élèves et les professeurs.

ADOLPHE.

Oh ! mon papa, j'avais encore huit jours.

DERVIN.

Vous partirez ce soir.

ADOLPHE.

Pardon, mon papa, je ne le ferai plus.

DERVIN.

Et vous ne rentrerez que lorsque vous serez corrigé, que lorsque vous comprendrez tout le mal que produit l'indiscrétion.

LA TURBOTIÈRE.

[PERSONNAGES :

MM. LOYAL, notaire.
    GARNERIN, propriétaire.
    LEDOUX, son beau-frère.
    UN HUISSIER.
    JEAN, domestique.

LA TURBOTIÈRE,

OU BEAUCOUP DE BRUIT POUR RIEN.

Comédie en un acte.

SCÈNE I.

LOYAL, GARNERIN, LEDOUX.

LOYAL.
Ayant terminé l'inventaire,
Pour aujourd'hui, Messieurs, je n'ai plus rien à faire,
Mais dès demain, sans plus tarder,
Ainsi que veut la loi, nous pourrons procéder
    À l'expertise....

GARNERIN.
Cher maître, permettez...

LOYAL.
            Elle sera soumise,
Une fois faite, au tribunal...

LEDOUX.
Avant d'en venir là, mon cher monsieur Loyal,
Je ferai, s'il le faut, le plus grand sacrifice.

GARNERIN.
    Et qu'avons-nous besoin des lois,
    Des tribunaux, de la justice?

Plutôt renoncer à mes droits,
Que de troubler en rien la bonne intelligence,
Qui nous unit depuis l'enfance,
Avec Ledoux, mon frère, et Clarisse, ma sœur!
Ah! je lui permets de grand cœur
De prendre sur cet héritage
Ce qui pourra lui convenir.

LEDOUX.

Garnerin, votre sœur, avant que de partir,
Me tenait ce matin un semblable langage :
Mon frère et moi n'aurons qu'un mot,
Disait-elle en pleurant ; qu'il me fasse mon lot!

GARNERIN.

Mon frère, point du tout, j'exige que Clarisse,
Sur le tout avant moi choisisse !

LOYAL.

Ce sont, messieurs, de très beaux sentiments ;
Ils sont rares en notre temps!
Car tous les jours je vois la guerre,
Du frère avec la sœur, du fils avec le père,
Et souvent à propos de rien :
Oui, de nos jours, sachez le bien,
Entre parents fort peu de chose
Des plus graves procès peut devenir la cause.

LEDOUX.

Vous plaisantez!

LOYAL.

Du tout!

GARNERIN

C'est vraiment scandaleux,
Et de les imiter je suis peu désireux.

LOYAL.

Je vous approuve et vous admire ;
Mais à présent je me retire,
J'ai certain acte à faire et j'y cours de ce pas ;
Adieu, ne vous dérangez pas !...
(*Fausse sortie*).
Pardon, souvenez-vous que si mon ministère,
D'une ou d'autre façon vous était nécessaire,
Je suis bien tout à vous, demain comme aujourd'hui
(*il sort*).

SCÈNE II.

GARNERIN, LEDOUX.

GARNERIN.

Le cher maître est très bon, rempli de complaisance,
Mais un peu vain de sa science...

LEDOUX.

A l'entendre on croirait, cher frère, que sans lui
Nous ne pourrions, de ce pauvre héritage,
Entre nous faire le partage !

GARNERIN.

Il est tout à cheval sur la légalité,
Mais quand on est d'accord...

LEDOUX.

Tous ces hommes d'affaires
Avoués, avocats, huissiers, juges, notaires,
Sont vraiment sans utilité.

GARNERIN.

D'abord il est certain que l'argent qu'on leur donne
Est de l'argent perdu...

LEDOUX.
J'ai désiré parfois
Que le gouvernement supprimât ces emplois.

GARNERIN.
Ils ne servent à rien ; comme vous je m'étonne
Qu'on en fasse un aussi grand cas...

LEDOUX.
Mais ces gens-là ne viendront pas
Se mêler de notre partage ;
A traiter avec vous je suis tout disposé.

GARNERIN.
Entre nous, j'en suis sûr, ce sera fort aisé ;
Se conduire autrement ce serait faire outrage
A ceux que nous avons perdu,
A mon père, à ma mère !

LEDOUX.
Hélas ! ils ne sont plus !

GARNERIN.
Je n'oublierai jamais que ma mère auprès d'elle
Nous ayant appelés au moment de sa mort :
Entre vous, mes enfants, n'ayez pas de querelle ;
Promettez-moi d'être toujours d'accord...
Ce fut ton dernier vœu, ma mère tant chérie !

LEDOUX.
Plût au ciel que mon sang pût la rendre à la vie !
Je le jure, cher Garnerin.
Nous vivrons en amis... Votre sœur, ce matin,
Tout comme je partais, m'a remis une note...

GARNERIN (*à part*).
Parbleu, je vois que mes parents
N'aiment pas à perdre leur temps;
Mais chez Ledoux je sais qui porte la culotte.

(*Haut*) Eh bien, mon cher ami, votre femme prendra,
Je l'ai déjà promis, tout ce qu'elle voudra.

LEDOUX.

Elle n'est pas fort exigente :
Le linge de sa mère et ses bijoux, je crois,
Lui reviennent d'après les lois !

GARNERIN (*à part*).

Ah diable! cependant la chose est importante;
(*Haut*) Eh bien! soit, j'y consens, mais vous me laisserez
Les tableaux, la bibliothèque
De mon grand-oncle l'archevêque

LEDOUX.

Les livres, vous les garderez,
(*à part*) Car, après tout, je n'y tiens guère,
(*Haut*) Mais les tableaux, mon cher beau-frère,
Je ne saurais y consentir.

GARNERIN.

Et pourquoi pas, Ledoux, si je vous abandonne
Les bijoux?

LEDOUX.

Votre sœur...

GARNERIN.

Ma sœur est par trop bonne
De croire que je vais lui donner à choisir,
Sans oser dire une parole ;
Ce serait, sur ma foi, jouer un bien sot rôle !

LEDOUX.

Eh bien ! vous les aurez; passons donc là-dessus!
(*à part*) Qu'il faut avoir de patience.

GARNERIN.

Demandez-vous quelque chose de plus ?

(*à part*) Je vais savoir jusqu'où peut aller l'exigence.

LEDOUX.

Le service de Saxe et celui du Japon...

GARNERIN (*à part*).

Au diable soit ma sœur ! que n'a-t-elle la fièvre !
Elle est vraiment trop sans façon.

LEDOUX.

Mais elle compte bien vous laisser le vieux Sèvre.

GARNERIN (*à part*).

Que ne prend-elle tout ?

(*haut*) Eh bien ! mon cher Ledoux
Pour vous prouver que j'ai bon caractère,
Et que j'ai pour ma sœur une amitié de frère,
J'y consens, et ces points sont réglés entre nous.

LEDOUX.

Quant au gros mobilier, il est fort inutile
D'en parler.

GARNERIN.

Le partage en sera très facile !

LEDOUX.

Et nous pouvons en dire autant
Des valeurs, de l'argent comptant.

GARNERIN.

Mais j'oubliais...

LEDOUX.

Clarisse a vu dans la cuisine
Un objet, qui je m'imagine,
Pour vous n'a pas grande valeur...

GARNERIN.

Ma femme tient beaucoup à garder...

LEDOUX.

Votre sœur
Insiste pour avoir...

GARNERIN.
La grande turbotière ?

LEDOUX.
C'est cet objet là justement
Que réclame Clarisse. On ne l'emploiera guère,
Et c'est plutôt un ornement !

GARNERIN.
Mais ma femme le veut !

LEDOUX.
La mienne aussi, vous dis-je !

GARNERIN
Votre refus m'étonne !

LEDOUX.
Et le vôtre m'afflige ;
De votre mère et pour bien peu,
Déjà vous oubliez le vœu !

GARNERIN.
Morbleu, vous y mettez beaucoup trop d'insistance !

LEDOUX.
Et vous bien peu de complaisance,
Pour votre sœur !

GARNERIN.
Elle a ma foi,
Cru tout d'abord faire de moi,
Ce qu'elle fait de vous...

LEDOUX.
Quoi donc ?

GARNERIN.
                    Un imbécile !
LEDOUX.
N'a-t-elle pas le droit de réclamer son bien ?
                    GARNERIN.
Du nôtre elle ferait très volontiers le sien ;
Elle verra bientôt qu'il n'est pas si facile.
De nous mener comme vous par le nez !
          LEDOUX.

Mauvais frère !
          GARNERIN.
    Insolent !
               LEDOUX.
              Ainsi vous refusez
De traiter avec nous pour quelques bagatelles !
          GARNERIN.
Ah ! certes, je refuse !
               LEDOUX.
              Eh bien ! avant ce soir
    Vous allez, Monsieur, recevoir
    De par la loi, de nos nouvelles.
          (*Il sort*).

SCÈNE III.

GARNERIN, (*seul*).

Ah ! mais, ah ! mais en vérité,
    C'est être un peu trop effronté !
Voilà leur bon accord : que mon frère choisisse :

Avec lui nous n'aurons qu'un mot ;
Que lui-même il fasse mon lot ;
Je te reconnais bien, ma trop chère Clarisse ;
Si l'on ne fait ta volonté,
On apprend tout d'abord ce que vaut ta bonté.
Et ce pauvre Ledoux qui voyait tout en rose :
Votre sœur ne veut rien... quoi ! rien ! très peu de chose
Le linge, les bijoux, mais elle veut choisir,
Tout ce qui peut lui convenir ;
Puis l'on doit partager le reste...
Malepeste !
Au tribunal, s'il le faut nous irons,
Et puisqu'il faut plaider, morbleu ! nous plaiderons.

SCÈNE IV.

UN HUISSIER.

Monsieur !

GARNERIN.

Déjà l'huissier !

L'HUISSIER (*s'inclinant*).

Monsieur, je suis le vôtre !

GARNERIN (*à part*).

La peste soit du bon apôtre !

L'HUISSIER.

L'an mil-huit-cent soixante-huit,
Et du mois d'août le huit,
Au requis de Madame Antoinette-Irénée
Clarisse Garnerin et Rigobert Ledoux...

GARNERIN.

Ah! morbleu! finissez, que me demandez-vous?
L'HUISSIER (*s'inclinant à chaque fois qu'il dit Monsieur*)
Monsieur, je suis huissier, et la susdite Dame
Qu'assiste son époux, de vous, Monsieur, réclame
La contingente part qui lui doit compéter,
De par la loi, Monsieur, dans certain héritage;
Au tribunal, Monsieur, il vous faut présenter,
  Pour voir ordonner le partage,
Entre elle et vous, Monsieur, Antoine Garnerin,
Et c'est pourquoi, Monsieur, je vous présente,
  Mes respects avec la présente (*Il sort*)

SCÈNE V.

GARNERIN (*seul*).

Je rêve assurément! Quoi! depuis ce matin,
Ma sœur et moi nous sommes en querelle!
  Oserions-nous dire pourquoi?
  J'en aurais honte, sur ma foi!
Pour rien assurément, pour une bagatelle'
  Ah! bien plutôt la lui céder!
Jean!

SCÈNE VI.

GARNERIN, JEAN

JEAN.

Monsieur!

GARNERIN.

Cherche-moi promptement certaine turbotière,
Et porte la sans plus tarder,
A ma sœur, et dis-lui, dis-lui bien que son frère
Loin de vouloir plaider, est heureux et content
De lui faire ce sacrifice. (*Jean sort*)

SCÈNE VII.

GARNERIN LEDOUX.

LEDOUX.

Garnerin, votre sœur Clarisse
Est plus sage que nous; elle veut à présent
Que vous gardiez la Turbotière.

GARNERIN.

Frère, n'en parlons plus; oubliez ma colère!
Je la lui cède !

SCÈNE VIII.

LES MÊMES LOYAL JEAN.

JEAN.

Eh mais, Monsieur, j'en trouve deux !

LOYAL.

Ainsi, Messieurs, chacun aura la sienne.

GARNERIN.

Regrettons seulement....

LEDOUX.

Vraiment! j'en suis honteux

GARNERIN.

Entre nous deux une aussi triste scène!

LOYAL.

Heureux qui peut régler ses intérêts
Sans avoir à plaider, sans avoir de procès!
Hélas! je vous l'ai dit, souvent fort peu de chose
De graves différends peut devenir la cause.

LE VOLEUR MALGRÉ LUI.

PERSONNAGES :

M. BLAINVILLE, banquier.
DUMOND.
CHARLES, caissier.
DARCEY, ami de Blainville.

LE VOLEUR

MALGRÉ LUI

OU LA RESTITUTION DIFFICILE.

DIALOGUE.

La scène se passe à Paris, chez M. Blainville, dans un grand cabinet; un bureau sur le côté, couvert de papiers, une porte au fond

SCÈNE Ire.

BLAINVILLE, DUMOND (*debout tous deux sur le devant*)

BLAINVILLE.

Votre oncle est le plus cher de mes amis d'enfance,
En lui j'ai pleine confiance;
C'est un cœur d'or, rempli de probité,
Et je suis vraiment enchanté,
A son neveu de pouvoir être utile.

DUMOND.

Merci, monsieur!

BLAINVILLE.

Il veut que vous soyez banquier;
Je vais donc vous placer auprès de mon caissier,

C'est un comptable fort habile,
Exact au dernier point, d'ailleurs fort complaisant ;
Il saura vous mettre au courant.

—

SCÈNE II.

CHARLES (*entrant*), LES PRÉCÉDENTS.

CHARLES.

Monsieur, on présente à la caisse
Une valeur sur Lille ; avant de l'escompter,
J'ai cru devoir vous consulter.

BLAINVILLE (*à Charles, à Dumond*).

Je vous suis ; pardon, je vous laisse
Un instant; vous pourrez parcourir ce journal,
Mais prenez garde à vous, car c'est un radical ;
J'aurai bientôt réglé cette petite affaire ;
A mon retour nous causerons
De votre oncle et de votre père ;
Adieu, souvenez-vous que toujours nous dînons
A six heures; ce soir à Madame Blainville
Je désire vous présenter;
Si vous êtes danseur, vous allez l'enchanter !
Ce talent n'est point inutile.
Et je connais des gens qu'il a fait établir,
Et qui sans lui n'auraient pu parvenir
A rien du tout; mais je cours à la caisse ;
(*il sort avec le caissier*).

SCÈNE III.

DUMOND (*seul*).

C'est un charmant vieillard,
Bien qu'à vrai dire il me paraisse
Tout d'abord un peu trop bavard ;
Il vient de m'accueillir avec fort bonne grâce,
Et chez lui je me vois assuré d'une place ;
Je ne suis plus à charge à mes parents,
Et j'espère qu'en peu de temps,
Avec de l'exactitude,
Et du travail, j'en ai, dieu merci! l'habitude,
Je pourrai leur prêter secours,
Et leur rendre sur leurs vieux jours
Ce qu'ils firent pour moi ; mais justement j'y pense,
Si je leur écrivais, au lieu de bavarder ;
Là bas, au fond de la Provence,
Il doit, j'en suis sûr, leur tarder,
De recevoir une première lettre ;
Oui, sans être indiscret, je puis bien me permettre
D'user de cette plume et de cet encrier.
Ah! mais, il me faut du papier!
Justement! j'en vois une feuille,
Sous cet immense portefeuille... (*Il remue le portefeuille*).
Oh! il est tout rempli de chiffons satinés

(*Il prend un billet*).

De ces soyeux chiffons que Marsard a signés !

(*Il le tâte et l'élève devant ses yeux*).

Je l'avouerai, j'ai la faiblesse
D'admirer ces chiffons, qui parlent de richesse ;
Ils sont doux au toucher ; je les trouve brillants...

(*Il se promène*).
Ces banquiers de Paris sont un peu confiants,
S'ils le sont tout autant que l'est Monsieur Blainville,
　　Le voler serait bien facile....
J'entends venir quelqu'un : replaçons ce billet,
　　Si je ne veux passer pour indiscret.

(*Il se rapproche du bureau, lorsque Blainville rentre, et lui barre le chemin ; il lui tend la main, et Dumond ferme la gauche où se trouve le billet*).

―

SCÈNE IV.

DUMOND, BLAINVILLE.

BLAINVILLE.

Me voici... bien souvent pour les moindres affaires,
　　On nous tient des heures entières ;
　　(*Il est près du bureau et referme le portefeuille*).
　　　Enfin j'en suis débarrassé.

DUMOND (*à part*).

　　Moi, je suis fort embarrassé !
Oh ! ce maudit billet ! comment le lui remettre !

BLAINVILLE.

Vous dînez avec nous :

DUMOND (*à part*.

　　　　Je vais tout lui conter :
(*Haut*) Merci, monsieur, veuillez permettre...

BLAINVILLE.

Des excuses ! de vous je n'en puis accepter.

DUMOND.

Mais, Monsieur, je voudrais...

SCÈNE V.
LES MÊMES, DARCEY.

DARCEY.
Bonjour. mon cher Blainville

BLAINVILLE.
Eh ! bonjour, cher Darcey. depuis quand à la ville ?

DARCEY.
J'arrive et tout d'abord je suis venu te voir.

BLAINVILLE.
Avant tout que je te présente
Monsieur Dumond...

DARCEY (*s'inclinant*).
Monsieur !

DUMOND (*s'inclinant à part*).
Visite déplaisante !

BLAINVILLE.
Ah çà ! tu nous reste ce soir ?

DARCEY.
Volontiers, mais avant je dois chez mon notaire,
Aller régler une fort vieille affaire.

BLAINVILLE.
N'est-ce point chez M. Loyal,
Tout auprès du Palais-Royal ?

DARCEY.
Justement !

BLAINVILLE.
C'est le mien.

DARCEY.
Il mérite, je pense,
A tous égards la confiance ?

BLAINVILLE.

Sans doute; apporte-lui ces trente mille francs.
En même temps ;
C'est l'avoir de ma vieille tante;
Elle désire les placer,
Et n'a point voulu les laisser
Entre mes mains..

DARCEY (*riant*).
Elle est prudente.

BLAINVILLE.
Tiens, prends ce portefeuille et compte les billets.

DUMOND (*à part*).
Je suis pris!

DARCEY.
Non ! je veux d'abord faire ici près,
Chez Garnerin une courte visite ;
Avec moi dans la rue emporter cet argent,
Serait, je le crois, imprudent!
Je sors et reviens au plus vite !...

BLAINVILLE.
Sois ! je mets tout dans ce tiroir
Et j'y laisse la clef

DARCEY.
Adieu donc !

BLAINVILLE.
Au revoir ?

SCÈNE VI.

BLAINVILLE, DUMOND.

BLAINVILLE (*à Dumond*).

Mon cher ami, veuillez permettre,
Car voici l'heure du courrier....

DUMOND.

Monsieur, je voudrais vous prier...

BLAINVILLE.

Que je termine cette lettre ;
Après quoi je suis tout à vous !

DUMOND (*à part*).

En vérité, c'est ridicule !
Dussé-je encourir son courroux,
Il faut parler, car ce papier me brûle !
(*Haut*) Monsieur ! (*à part*) Dieu ! quel ennui ! je n'oserai jamais !
(*Haut*) Monsieur ! j'ai deux mots à vous dire.

BLAINVILLE.

Pardon, dans un instant j'aurai fini d'écrire.

DUMOND (*à part*).

Et l'autre va rentrer ! parbleu ! mais si j'allais
A ce Monsieur en faire la remise,
Et lui conter avec franchise
Toute l'histoire; il a l'air bon enfant :
Oui oui ! tout ira bien.

(*Il sort précipitamment*).

SCÈNE VII.

BLAINVILLE (*seul*).

Ah ! ah ! c'est fort plaisant !
Il lui faut rester, quoi qu'il fasse,
Chargé de mon billet qui si fort l'embarrasse ;
J'ai tout vu de ce cabinet,
Et j'ai su par trois fois lui couper la parole ;
Pourtant j'avais grand'peine à soutenir mon rôle,
Car il m'a l'air d'un bon sujet ;
Il a de qui tenir ; j'ai connu son vieux père,
Et je sais qu'il était vanté,
Pour son austère probité ;
Je le garderai donc ; cette faute est légère,
Moi seul en aurai le secret ;
Et pour lui sauver toute honte,
Je vais remplacer le billet ;
Quand Darcey va rentrer, il trouvera son compte ;
Le voici, dépêchons ; (*il ouvre le tiroir, met un autre billet dans le portefeuille, et se remet à écrire*).

—

SCÈNE VIII.

BLAINVILLE, DUMOND.

DUMOND (*à part*).

J'ai couru, mais en vain,
Pour le trouver chez Monsieur Garnerin ;
Il en était sorti ; faire à Monsieur Blainville
Un aveu me paraît à présent difficile ;
Je n'ose point, il le faut cependant
(*Haut*) Monsieur.

BLAINVILLE (*à part*).
.Amusons-nous! (*Il se lève*).
(*Haut*) Une affaire qui presse,
M'oblige à descendre à la caisse,
Mais je reviens dans un instant. (*Il sort*).

—

SCÈNE IX.

DUMOND (*seul*).
Il est vraiment plein d'obligeance ;
Profitons de l'occasion !
Entr'ouvrons ce tiroir (c'est une effraction,
.Mais honni soit qui mal y pense).
Et replaçons ce chiffon tentateur,
Dans le paquet. Dieu! quel bonheur !
Le portefeuille est encore à sa place;
Enfin, enfin, que je m'en débarrasse !
(*Il repousse le tiroir*).

—

SCÈNE X.

DUMOND, DARCEY.

DARCEY.
Monsieur, votre serviteur ! je suis tout éreinté ;
J'ai couru comme un dératé,
D'un bout à l'autre de la ville ;
Mais où donc a passé Blainville ?

DUMOND.
Il est dans ses bureaux.

DARCEY.

Bon ! avant le diner,
Pour n'avoir plus à m'occuper d'affaire,
Je vais courir chez mon notaire ;
J'ai chez lui quelque acte à signer ;
Diable, mais il faut que je prenne,
Dans ce tiroir, les trente mille francs :
Les compter ce n'est pas la peine ;
Les banquiers sont toujours prudents ;
Regardons cependant, la chose est importante !
Cinq et cinq dix, et dix font vingt, et dix font trente.

—

SCÈNE XI.

LES MÊMES, BLAINVILLE.

DARCEY (à *Blainville qui rentre*).

Et trente-un. Cher ami, si je n'avais compté,
Malgré ta grande habileté,
Ta tante aurait perdu peut-être
Mille francs que voici... mon très cher, tu le vois,
Il faut toujours compter deux fois.

BLAINVILLE (à *part*).

Dumond, je le comprends, aura pu l'y remettre...

DUMOND.

De moi, Messieurs, tous deux vous allez vous moquer,
Et cependant je veux vous expliquer...

BLAINVILLE.

Mon cher Dumond, c'est inutile,
Je vais vous présenter à madame Blainville,

Pendant que Darcey va courir
Jusque chez Loyal, son notaire ;
Un autre jour plus à loisir
Nous causerons de cette affaire...

DARCEY.

Moi, je n'y comprends rien !

DUMOND (*à part*).

Moi, je n'oublierai pas,
Que vers le mal on fait un premier pas,
Quand on se laisse aller à prendre,
Sans réfléchir le bien d'autrui,
Car je vois trop que pour le rendre
Il en coûte beaucoup d'ennui.

LE

MONSIEUR QUI NE SAIT PAS LIRE.

PERSONNAGES.

CRUCHOT, ignorant, mais prétendant passer pour savant.
PIED-LÉGER, facteur de la poste.
BASTIEN, portier.
GUILLAUME, marchand.
DERVET.
FRANÇOIS, porteur d'eau.

LE
MONSIEUR QUI NE SAIT PAS LIRE.

Comédie en un acte et en vers.

La scène est chez M. Cruchot.

SCÈNE Ire.

CRUCHOT (*seul*).

L'on se moque des ignorants,
De ceux qui ne savent pas lire ;
Mais à quoi sont bons les savants,
Et que leur vaut de tant écrire ?
Ils sont logés presque tous comme moi,
Au cinquième ou sixième étage ;
Leur savoir et leur beau langage
Ne leur fournit jamais de quoi
Manger de bons morceaux ; ils ont grand'peine à vivre,
Ceux que l'on voit toujours se courbant sur un livre....
En vérité ! moi je n'ai rien appris,
Et c'est pourquoi je n'ai, ma foi ! jamais compris,
Que l'on fit cas de la science,
Quand il suffit d'en avoir l'apparence !
L'apparence est tout ici-bas....
Car enfin, je l'ai dit et me plais à le dire,

9..

(Personne ne m'entend, on ne s'en doute pas!)
  Je ne sais rien, pas même lire ;
  Et mes amis, s'ils l'apprenaient,
  De moi joliment se riraient !
Eh bien ! jusqu'à ce jour nul n'a su le connaître !...
Oh ! oh ! me dira-t-on, mais comment faites-vous,
  Quand il vous arrive une lettre ?
Parbleu ! (mais tout ceci doit rester entre nous!)
  Ce fait n'a rien qui m'embarrasse,
Je m'en tire aisément : j'ai la vue un peu basse,
  Et pour moi c'est un grand malheur !
  Or, dès qu'approche le facteur,
Homme très complaisant, j'ai perdu mes lunettes....
  Vous le voyez, c'est fort ingénieux !...
  Et je serais vraiment heureux,
  Si je n'avais quelques minimes dettes;
  J'ai par malheur un certain créancier,
  Qui m'honore de ses visites,
Et me parle toujours d'entamer les poursuites,
  Et de faire agir son huissier...
  C'est un ennuyeux personnage !
  Mais après tout, il faut le ménager,
  Et lui montrer un bon visage.
Sinon... mais qui vient là ?.. c'est ce bon Pied-Lég
  Notre facteur, ami de la bouteille;
Quand on parle du loup, on en voit une oreille,
  Dit un proverbe fort ancien...

SCÈNE II.

CRUCHOT, PIED-LÉGER.

PIED-LÉGER.
Bonjour, monsieur Cruchot, je vous porte une lettre...

CRUCHOT.
Une lettre ! ah ! vraiment, mon ami, c'est fort bien !
(*A part*), De mes parents c'est un envoi peut-être ;
(*Haut*). Voyons donc !

PIED-LÉGER.
Mais il faut d'abord,
Mon cher Monsieur, payer le port !
Six sous !

CRUCHOT.
Bon, les voilà, mais veuillez, je vous prie,
Me la lire, car j'ai perdu...

PIED-LÉGER.
Vos lunettes, je le parie.
(*A part*).
Avec lui c'est sous-entendu :
Depuis longtemps je me suis laissé dire,
Que ce Monsieur ne sait pas lire...
(*haut*) Très volontiers, Monsieur Cruchot !
(*Il ouvre la lettre et la parcourt rapidement*), (*à part*)
En vérité, la chose est fort plaisante !
Mais que faire ? à ses yeux dévoiler le complot !
Ma foi non ! arrive qui plante ?
(*Haut*).
Monsieur, permettez-moi de vous féliciter !]

CRUCHOT.

De quoi, mon bon ami ?

PIED-LÉGER.

Monsieur, l'on vous engage,
Pour recueillir un certain héritage !

CRUCHOT.

Quelle chance !

PIED-LÉGER.

A vous présenter,
Sans retard, devant un notaire,
Dont je ne puis vous déchiffrer le nom...
Au diable soit le secrétaire,
Qui l'a si mal écrit : (*Il cherche*) Duran!.... Guichard....
Mondon...
Mais permettez que je vous laisse,
J'ai du travail dans le quartier. (*Il sort*).

SCÈNE III.

CRUCHOT (*seul*).

Ah ! ah ! je suis donc héritier,
Car cette lettre à mon adresse,
Me l'annonce bien clairement !
Héritier !... que ce mot sonne agréablement !
Mes créanciers ont vraiment de la chance,
Ils pourront à la fin recouvrer leur créance...
Mais héritier de qui ?... parbleu ! je n'en sais rien,
Et la chose après tout m'est fort indifférente !...
De quelque oncle ou de quelque tante ?
Je suis plus curieux de savoir de combien !...

Du surplus, sur ma foi, je ne m'occupe guère !
Mais qui donc me dira le nom de ce notaire,
   (Pour moi c'est le fait important).
Car il faut que chez lui je me rende à l'instant;
   Y recevoir mon héritage....
Qui vient là ?... mon portier!..

SCÈNE IV.

CRUCHOT, BASTIEN.

BASTIEN.

     Je dois vous avertir,
Que dès demain il faut de ces lieux déguerpir.

CRUCHOT (*d'un ton fier*).

Portier, de vous à moi modérez ce langage.

BASTIEN.

J'en changerai, parbleu ! s'il vous plaît de payer,
   Exactement votre loyer ?

CRUCHOT (*toujours fier*).

Eh bien, Monsieur Bastien, préparez la quittance,
Et dès ce jour parlez avec moins d'insolence !

BASTIEN, (*plus humble*).

Oui, Monsieur, mais l'argent ?

CRUCHOT.

     Votre argent est tout prêt !

BASTIEN (*encore plus humble*).

Très bien, monsieur, très bien !

CRUCHOT.

     Vous voyez cette lettre !

BASTIEN.

Oui, Monsieur!

CRUCHOT.

Lisez-la, je n'ai point de secret!

BASTIEN.

Oh! Monsieur est trop bon, je n'ose me permettre.

CRUCHOT.

Lisez-donc (*à part*), excellent moyen,
De connaître le nom de ce maudit notaire !

BASTIEN.

Eh! bien ! Monsieur, je vais le faire,
Je suis discret d'ailleurs et ne répète rien...

CRUCHOT.

Lisez, mon cher, lisez, en vous j'ai confiance !

BASTIEN.

Oui, Monsieur, pour vous obliger...!

(*A part en parcourant la lettre*).

Ah! je parlais avec trop d'insolence,
A ce petit Monsieur !

CRUCHOT.

Je vais bien l'arranger!
Vous le voyez, Bastien, il s'agit d'héritage !

BASTIEN (*ricanant*).

Un héritage à vous! ma foi! Monsieur Cruchot,
Ici je n'en vois pas un mot !

CRUCHOT (*avec hauteur*).

Cessez, Monsieur Bastien, cessez ce badinage!

BASTIEN.

Ah! ah! l'on s'est moqué de vous?

CRUCHOT
Vous m'insultez ! butor !
BASTIEN.
Oh ! point tant de courroux !
Cette lettre vous est adressée,
Mais par un créancier; (je n'en vois pas le nom).
Car c'est trop mal écrit : Benoît, Panard, Boudon ;
Il a mis dessus : très pressée,
Et parle dès demain de vous faire arrêter.
CRUCHOT.
Portier, de moi vous voulez rire ?
BASTIEN.
Du tout, lisez vous-même, (*à part*) Il n'a jamais su lire.
(*Haut*) Ah ! ah ! Monsieur Cruchot, vous osez me traiter
D'insolent, de butor : préparez la quittance,
Disiez-vous d'un ton arrogant;
Ah ! Monsieur l'héritier, qui n'avez point d'argent,
C'est fort bien : il faudra, je pense,
Dès demain vider la maison,
Pour aller peut-être en prison...
Au revoir ! (*à part*) à présent, ma foi ! qu'il se dépêtre,
Comme il pourra, de cette lettre, (*il sort*).

—

SCÈNE V.

CRUCHOT (*seul*).
C'est fort étrange, en vérité !
L'un dit : vous avez hérité;
L'autre me parle d'une dette ;
De tous deux quel est le menteur ?
Le portier ou bien le facteur ?
Tout cela me porte à la tête.

Et j'en deviendrai fou, cela paraît certain ;...
Cependant le facteur n'a point l'air d'un coquin ;
Pourquoi donc m'aurait-il fait ce grossier mensonge ?...
Et le portier me hait depuis longtemps... Je songe
  A cette lettre, mais le pauvre Pied-Léger,
  Après me l'avoir lue, a bien pu la changer,
Sans le vouloir, s'entend, du moins je le suppose ;
   (*Il prend la lettre*).
  Celle-ci n'est donc pas pour moi...
De tout ceci voilà la véritable cause ;
   Tous deux étaient de bonne foi,
   Et le facteur va rapporter ma lettre !
   Voici quelqu'un...! c'est lui peut-être ?
  Non c'est Guillaume le marchand,
  Qui n'est certes pas très savant,
  Mais passe pour excellent homme.

SCÈNE VI.

CRUCHOT, GUILLAUME.

GUILLAUME.

Bonjour, Monsieur Cruchot !

CRUCHOT.

    Bonjour, mon cher Guillaume,
Asseyez-vous ! comment va la santé ?

GUILLAUME.

Merci bien, pas trop mal ! j'ai pris la liberté,
De m'adresser à vous, car je le dis sans honte,
Je ne suis point savant, et j'ai là certain compte,
   Que je voudrais vérifier ;
Vous n'êtes pas un sot, je viens vous en prier !

CRUCHOT.

Je serais trop heureux de vous être agréable,
(*A part*).
Si du moins j'en étais capable.
(*Haut*). Mais c'est impossible aujourd'hui :
J'ai perdu ce matin (C'est un bien grand ennui),
Mes lunettes; pour moi voyez quel embarras !
Justement le facteur m'a porté cette lettre,
Qui, j'en suis sûr, ne me revenait pas,
Et jusqu'ici je n'ai pu reconnaître,
A cause de mes faibles yeux,
Quelle est sa véritable adresse...

GUILLAUME.

Je suis un ignorant, Monsieur, je le confesse,
Mais j'ai de très bons yeux, et je suis fort heureux ;
Mes parents m'ont appris à lire ;
Ce nom que vous cherchez, je puis donc vous le dire.

CRUCHOT.

Ah ! vous m'obligerez ! la voici !

GUILLAUME (*prenant la lettre*).

Le facteur,
Monsieur, Cruchot, n'a point commis d'erreur ;
C'est à vous qu'elle est adressée :
A Monsieur Jean Cruchot, et dessus très pressée !

CRUCHOT (*à part*).

Elle était donc pour moi! cela ne me vaut rien !
(*Haut*). Vous plaisantez !

GUILLAUME.

Du tout, j'y vois très bien !

CRUCHOT.

Lisez-la donc, je vous en prie.

GUILLAUME.

Oui, Monsieur, si vous l'exigez !
Mais je ne suis pas fort!
(*Il prend la lettre et la parcourt en souriant*).

CRUCHOT.

Eh quoi! vous souriez!

GUILLAUME.

Oh! point du tout, Monsieur! (*à part*). quelle plaisanterie ?

CRUCHOT.

Eh bien ! mais lisez-donc !

GUILLAUME (*à part*).

Ah! ah! Monsieur Cruchot,
Vous passez pour habile et vous n'êtes qu'un sot ;
  A vous juger sur l'apparence,
  On vous croirait tout pétri de science !
Et vous ne savez rien ! et l'on se rit de vous !

CRUCHOT.

Mais enfin, que contient cette maudite lettre !

GUILLAUME (*à part*).

De lui sans honte amusons-nous !

CRUCHOT.

Il me tarde de le connaitre !

GUILLAUME (*sérieux*).

Cher Monsieur, il me faut du temps,
  Pour la parcourir toute entière;
  Je ne suis pas de ces savants,
  Comme vous (*à part*) qui ne l'êtes guère,
  (*Haut*). Qui presque sans y regarder,
  Vous parcoureraient tout un volume;
  Vive donc les hommes de plume!

CRUCHOT.
Mais lisez donc, sans plus tarder !
De compliments je vous dispense !
GUILLAUME.
Voici, Monsieur, ce qu'on écrit je pense !
C'est un comte, je crois, ou peut-être un baron,
Dont je ne puis lire le nom;
Ce Monsieur, par quelqu'un de vos amis sans doute !
Connaît vos talents, votre esprit ;
Il veut avoir, coûte que coûte,
Auprès de ses enfants, un précepteur instruit ;
Enfin près d'eux il vous appelle
(*A part*). Je n'en puis plus (*haut*) bonne nouvelle !
Pour leur enseigner le latin ;
Mais je retourne à ma boutique,
Pour contenter quelque pratique ;
Adieu, donc, cher Monsieur, je reviendrai demain.

—

SCÈNE VII.

CRUCHOT (*seul*).
C'est vraiment incompréhensible :
Se moque-t-on de moi ? ce n'est pas impossible :
Je vais donc passer pour un sot ;
Mais comment se sont-ils tous trois donné le mot ;
Et cette lettre enfin qu'on dit à mon adresse,
Et sur laquelle on a marqué que cela presse,
Après tout je tiens à savoir,
De qui ? pourquoi ? ce qu'on peut me vouloir ?....
Il me vient une idée !... oui, vraiment je commence
A démêler la vérité ;
Tous trois sont pétris d'ignorance.
Et chacun d'eux m'a raconté,

Ce qui lui passait par la tête;
(Ils me prenaient pour une bête),
Ne voulant point montrer qu'ils n'y connaissent rien,
Et qu'ils ne sont pas forts sur la lecture,
Aussi n'ont-ils pas su lire la signature ;
Mais je leur prouverai à ces hommes de bien,
Au facteur, au portier, à ce Monsieur Guillaume,
Que l'on ne se rit pas ainsi d'un honnête homme !
Voici quelqu'un !... c'est mon ami Dervet !

SCÈNE VIII.
CRUCHOT DERVET.

CRUCHOT.

Bonjour, mon cher ami !

DERVET (*à part*).
Voyons donc quel effet
Sur ce pauvre Cruchot aura produit ma lettre !

CRUCHOT.

Je suis bien aise de te voir,
Car ce matin je viens de recevoir,
Certain billet, dont je n'ai pu connaître,
Le contenu, grâce à mes faibles yeux,
Car, tu le sais, j'ai la vue un peu basse.

DERVET (*à part*).

Allons donc ! il y tient ; c'est avoir de l'audace,
Et surtout avec moi son ami le plus vieux !
(*Haut*). Tu n'as donc pas pris tes lunettes ?

CRUCHOT.

Je n'ai pu les trouver....

DERVET (*à part*).
Toujours mêmes défaites !
(*Haut*) Eh bien ! pour te faire plaisir,
Je m'en vais donc la parcourir :

Que vois-je, cher Cruchot? il va falloir te battre !
CRUCHOT.
Me battre ! avec qui donc? comment donc! et pourquoi ?
DERVET.
Hélas! mon pauvre ami!
CRUCHOT.
Bon, tu te ris de moi !
DERVET.
Du tout : n'étais-tu pas hier au soir au théâtre ?
CRUCHOT.
Il est vrai, mais enfin!...
DERVET (*à part*).
Parbleu ! je l'avais vu !
(*Haut*). Eh bien donc, en sortant....
CRUCHOT.
Oui !
DERVET.
Sous le péristyle,
Tu heurtas un peu fort...
CRUCHOT.
Ce serait bien possible :
Nous étions si serrés !
DERVET.
Un Monsieur inconnu ...
Toujours est-il qu'il te provoque,
Et qu'il t'attend demain à la porte Maillot!
CRUCHOT.
Allons donc ! de moi tu te moque ?
DERVET.
Point du tout, mon pauvre Cruchot!
CRUCHOT.
Encore un coup, cette querelle,
N'existe que dans sa cervelle!
DERVET.
Prépare-toi ! je serai ton témoin ;

Je te laisse à présent : tu peux avoir besoin,
De rédiger tes volontés dernières ;
   Car c'est agir fort prudemment,
   Que d'écrire son testament :
   En pareil cas on règle ses affaires ;
   Au revoir... (*à part*) de cette leçon,
Puisse-t-il profiter, car il a le cœur bon.
   On gagnerait à le connaître,
   S'il ne tenait point à paraître
   Moins ignorant... (*il sort*).

SCÈNE IX.

CRUCHOT (*seul*).
   En vérité,
Suis-je bien moi ? n'ai-je point hérité ?
   N'ai-je point eu quelque querelle ?
   N'ai-je point reçu la nouvelle,
   Que j'étais nommé précepteur
   Où n'est-ce point ambassadeur ?
Je rêve assurément ! cependant je me tâte,
Et je me reconnais ! c'est bien moi, Jean Cruchot.
Jean Cruchot qu'on attend à la porte Maillot,
   Puisque demain il faut que je me batte,
   Avec un inconnu, si j'en crois ce billet,
   Que m'a lu mon ami Dervet...
Oh ! ce billet que ne puis-je le lire,
   Car enfin je les ai vus rire :
S'ils ne sont quatre, ils sont bien trois,
Qui m'ont trompé, bien sûr !... Voici le bon François,
Porteur d'eau du quartier, il est plein de franchise ;
   Eh bien ! je veux qu'il me la lise,
   Du moins s'il est assez savant !

SCÈNE X.

CRUCHOT, FRANÇOIS.

FRANÇOIS.

Bonchour, moschieu Cruchot!

CRUCHOT.

Bonjour, François, écoute!

FRANÇOIS.

G'écoute bien, Moschieu?

CRUCHOT.

Sais-tu lire?

FRANÇOIS.

Chans doute!

CRUCHOT (*à part*).

Ainsi donc à Paris, il n'est plus d'ignorant,
Excepté moi Cruchot?

FRANÇOIS.

Mochieu, dans ma jeunéche,
Che ne chuis pas geallé chez notre inschtituteur;
Che n'avais pas le temps; à prégeant par bonheur,
Che travaille le chour;
Et puis rien ne m'empêche d'aller à l'école du choir...
J'ai fait bien des progrès, et vous devez le voir :
Che parle beaucoup mieux....

CRUCHOT.

Lis-moi donc cette lettre !
C'est pour m'en assurer!

FRANÇOIS.

Moschieu, che le veux bien;

Mais jauparavant il faut mettre
Mes lunettes : sans cha che n'y connaîtrais rien.
　　　Ayez pour moi de l'indulgenche;
Che ne chuis pas très fort ; les voichi, che commenche :
　　　Mochieu, vous ne savez pas lire,
Et jusqu'ichi nul n'oge vous le dire;
Il vous g'est bien permis de rester ignorant,
Mais g'il ne faudrais point pacher pour un chavant :
　　　Retenez bien chette parole :
Votre ami. Ce Moschieu a ma foi bien raigeon;
　　　Et che qu'il dit me semble bon.

　　　　　CRUCHOT (*à part*).

Oh! dès ce jour je fréquente l'école,
　　　Et j'espère bien dans deux mois,
　　　En savoir autant que François,
　　　(*Haut*). Merci bien, mon ami.

　　　　　FRANÇOIS.

　　　Tout à votre cherviche,
Moschieu Cruchot, pourvu que je le puiche

FIN.

Limoges. — Typ. F. F. Ardant frères.

LA FIN D'ANNÉE.

THÉATRE DE LA JEUNESSE

CONTENANT

Le Jeune Henri, Comédie en 3 actes et en prose.

Le Testament, Comédie en 1 acte et en vers.

Le Déserteur, ou l'amour filial, Drame en 2 actes.

Les trois Corbeaux, Comédie en 1 acte.

Charles, ou le petit chipeur, Comédie en 1 acte et en prose.

Au diable les Créanciers, Comédie en 1 acte et en vers.

Adolphe, ou l'indiscret, Comédie en 1 acte et en prose.

La Turbotière, ou beaucoup de bruit pour rien, Comédie en 1 acte et en vers.

Le Voleur malgré lui, ou la restitution difficile, Dialogue.

Le Monsieur qui ne sait pas lire, Comédie en 1 acte et en vers.

www.ingramcontent.com/pod-product-compliance
Lightning Source LLC
Chambersburg PA
CBHW071951160426
43198CB00011B/1633